孟子 上

編者序

孟子，名軻，字子輿，戰國鄒（今山東鄒縣）人，是魯國貴族孟孫氏的後裔。約生於西元前三七二年，卒於西元前二八九年。孟子三歲喪父，受到母親嚴格教育，曾三遷於學宮旁，習俎豆之事；「孟母三遷」、「斷杼教子」等故事，成為千古美談。後受業於子思門人，是孔子的四傳弟子，有「亞聖」之稱，與孔子合稱為「孔孟」。

孟子主張法先王、行仁政，提出「民貴君輕」的思想，堅決反對不義之戰。孟子主張性善，認為不管是君王還是人民，聖人還是小人，在他們的天性中都存在著四種善端，即惻隱之心、羞恥之心、恭敬之心、是非之心，並由此發展成為「仁義禮智」四德。

《孟子》為記述孟子思想的著作。此書的來歷有各種不同的說法，司馬遷等人認為是孟子自著，其弟子萬章、公孫丑等人參與；趙岐、朱熹、焦循等人認為是孟子自著；韓愈、蘇轍、晁公武等人認為是其弟子萬章、公孫丑等人追記，目前學術界較採用司馬遷等人的說法。

《孟子》完成於戰國中後期，為語錄體，《孟子》長篇大論，說理雄辯，和《論語》片言單辭的短章不同。《孟子》共七篇，分別為〈梁惠王〉、〈公孫丑〉、〈滕文公〉、〈離婁〉、〈萬章〉、〈告子〉、〈盡心〉，篇名取自各章開頭的幾個字，沒有特別的含意。東漢趙岐在《孟子章句》中，又將每一篇分為上下兩卷，全書共七篇十四卷。注本主要有東漢趙岐《孟子章句》、南宋朱熹《孟子集注》、清焦循的《孟子正義》等。

《孟子》一書的地位一開始並沒有很高，到五代十國後蜀時，後蜀主孟昶命人楷書十一經刻石，歷時八年才刻成。這可能是《孟子》列入經書之始。後來宋太宗又翻刻了這十一經。到南宋孝宗時，朱熹將《孟子》與《論語》、《大學》、《中庸》合在一起稱「四書」，以孟子為孔子道統傳人，並成為「十三經」之一。明清時四書被列為科舉取士的教科書，《孟子》也成了讀書人必讀之書。

《大學》是儒家經典《四書》之一，《大學》原是《禮記》第四十二篇，內文的撰成約在戰國末期至西漢之間，一說是曾子所作，一說是孔門七十子後學者所作。在南宋前從未單獨刊印過。自唐代韓愈、李翱維護道統，開始推崇《大學》與《中庸》。北宋時司馬光編撰《大學廣義》，是為大學獨立成書之始。程顥、程頤又編撰《大學》原文章節成《大學定本》。南宋時朱熹編撰《大學章句》，並與《論語》、《孟子》、《中庸》合編為《四書》。按照朱熹的看法，《大學》是孔子及其門徒留下來的遺書，是儒學的入門讀物。因此，朱熹把它列為「四書」之首。

《大學》原不分章節，後來朱熹按其內容，將《大學》分為經一章，傳十章。並說：「經一章，蓋孔子之言，而曾子述之；其傳十章，則曾子之意，而門人記之也。」

《中庸》原是《禮記》第三十一篇，內文在戰國末期至西漢之間寫成，作者是誰尚無定論，一說是孔伋所作，一說是秦代或漢代的學者所作。宋朝儒學家對中庸非常推崇，將其從《禮記》中抽出獨立成書，朱熹則將其與《論語》、《孟子》、《大學》合編為《四書》。

「中庸」在字面上的解釋即是「執中」之意，而執中又當求「中和」，在一個人還沒有表現出喜怒哀樂時的平靜情緒為「中」，表現出情緒之後經過調整而符合常理為「和」，其主旨在於修養人性。中庸強調「誠」的重要，誠即是《大學》中所述說的「誠意」。

《人人讀經典》系列以白話譯注《孟子》、《大學》、《中庸》，兼取諸家，譯文力求淺白，注文力求簡明，原文附有注音，適合今人朗讀學習。

孟子上

梁惠王上 7
梁惠王下 39
公孫丑上 81
公孫丑下 117
滕文公上 153
滕文公下 185
離婁上 221
離婁下 263

梁惠王上

1 孟子見梁惠王。王曰：「叟不遠千里而來，亦將有以利吾國乎？」

孟子對曰：「王何必曰利？亦有仁義而已矣。

「王曰：『何以利吾國』？大夫曰『何以利吾家』？士庶人曰『何以利吾身』？上下交征利，而國危矣。萬乘之國，弒

梁惠王　魏國第三代國君，都大梁，在《孟子》一書中又稱梁惠王。

叟　老先生。

大夫　古代官名，多指卿而言。

交征　上下互爭。

萬乘之國　兵車一輛叫一乘，諸侯有封國，大國可出萬乘兵車，小國可出千乘兵車，故說萬乘之國、千乘之國。

其君者，必千乘之家；千乘之國，弒其君者，必百乘之家。萬取千焉，千取百焉，不為不多矣。苟為後義而先利，不奪不饜。

「未有仁而遺其親者也，未有義而後其君者也。王亦曰仁義而已矣，何必曰利？」

千乘之家 擁有采邑的卿大夫曰家，大家可出千乘兵車，小家可出百乘兵車，故成千乘之家、百乘之家。

饜 滿足。

遺 棄。

2 孟子見梁惠王，王立於沼上，顧鴻鴈麋鹿，曰：「賢者亦樂此乎？」

孟子對曰：「賢者而後樂此，不賢者雖有此，不樂也。《詩》云：『經始靈臺，經之營之，庶民攻之，不日成之。經始勿亟，庶民子來。王在靈囿，麀鹿攸伏。麀鹿濯濯，白鳥鶴

詩 大雅靈臺篇。
經 度量。
靈臺 文王臺名。
攻 治也。此指修建。
不日 不久。
亟 急切。
子來 指民心歸附，如子女趨事父母，不召自來。
囿 有圍牆的園林，通常用作畜養禽獸的場所。
麀鹿 牝鹿。
濯濯 肥澤貌。

鶴。王在靈沼，於物魚躍。』文王以民力為臺為沼，而民歡樂之，謂其臺曰靈臺，謂其沼曰靈沼，樂其有麋鹿魚鱉。古之人與民偕樂，故能樂也。〈湯誓〉曰：『時日害喪，予及女偕亡。』民欲與之偕亡，雖有臺池鳥獸，豈能獨樂哉？」

鶴鶴 形容羽毛潔白。

於 感嘆、讚美的語氣。

物 滿。

湯誓 尚書篇名。

時日害喪 這個太陽何時才會滅亡。時，此。日，指夏桀。

3 梁惠王曰：「寡人之於國也，盡心焉耳矣。河內凶，則移其民於河東，移其粟於河內。河東凶亦然。察鄰國之政，無如寡人之用心者；鄰國之民不加少，寡人之民不加多，何也？」

孟子對曰：「王好戰，請以戰喻：填然鼓之，兵刃既接，棄

焉耳　於是。

河內凶　河內地區災荒。河內指黃河以北。

河東　舊時稱山西境內黃河以東為河東。

加少　日益減少。

加多　增多。

填然　形容聲勢宏大。

棄甲曳兵　拋棄鎧甲，拖著兵器。形容戰敗逃走的狼狽狀。

甲曳兵而走，或百步而後止，或五十步而後止。以五十步笑百步，則何如？」

曰：「不可，直不百步耳，是亦走也。」

曰：「王如知此，則無望民之多於鄰國也。

「不違農時，穀不可勝食也；數罟不入洿池，魚鱉不可勝食

直　只是，不過。

走　逃跑。

不可勝食　食物多到吃不完。勝，盡。

數罟　細密的網。

洿池　水塘。

也；斧斤以時入山林，材木不可勝用也。穀與魚鱉不可勝食，材木不可勝用，是使民養生喪死無憾也。養生喪死無憾，王道之始也。

「五畝之宅，樹之以桑，五十者可以衣帛矣；雞豚狗彘之畜，無失其時，七十者可以食肉矣；百畝之田，勿奪其時，

斧斤　刀斧。

以時　按一定的時間。

喪死　葬送死者。

彘　豬。

勿奪其時　勿以徭役奪其稼穡之時。

數口之家可以無飢矣。謹庠序之教，申之以孝悌之義，頒白者不負戴於道路矣。七十者衣帛食肉，黎民不飢不寒，然而不王者，未之有也。

「狗彘食人食而不知檢，塗有餓莩而不知發。人死，則曰：『非我也，歲也。』是何異於刺人而殺之，曰：『非我也，

庠序　皆鄉學之名殷曰序，周曰庠。

頒白　頒通「斑」。

負戴　背負重物。

檢　斂。

餓莩　餓死之人。

發　發倉廩以賑貸。

歲　凶歲。

兵也。』王無罪歲，斯天下之民至焉。」

4 梁惠王曰：「寡人願安承教。」孟子對曰：「殺人以梃與刃，有以異乎？」曰：「無以異也。」「以刃與政，有以異乎？」曰：「無以異也。」曰：「庖有肥肉，廄有肥馬，民有飢色，野有餓莩，此率獸而食人也。獸相食，且人惡之；為民父母行政，不免

安：樂意。
梃：木棍。
政：指暴政。
庖：廚房。
廄：馬舍。
且：尚且。

於率獸而食人，惡在其為民父母也？仲尼曰：『始作俑者，其無後乎！』為其象人而用之也。如之何其使斯民飢而死也？」

惡在 何在。

俑 陪葬的木偶人。

為其象人而用之 象，似也，即以其似人形而殉葬，故亦視之如有生也。

5 梁惠王曰：「晉國，天下莫強焉，叟之所知也。及寡人之身，東敗於齊，長子死焉；西喪地於秦七百里；南辱於楚。寡人恥之，願比死者一洒之，如之何則可？」

孟子對曰：「地方百里，而可以王。王如施仁政於民，省刑罰，薄稅斂，深耕易耨；壯者

晉國 韓、趙、魏三家分晉，梁（魏）惠王自稱魏國也為晉國。

莫強 沒有比它更強的。

東敗於齊 魏與齊戰於馬陵，兵敗，主將龐涓被殺，太子申被俘。

西喪地於秦 馬陵戰後，魏國國勢漸衰，秦屢迫魏國獻出河西之地和上郡的縣，約七百里地。

南辱於楚 魏又被楚將昭陽擊敗於襄陵，魏國失去八邑。

比 代。

洒 洗滌。

易耨 及時除草。

以暇日修其孝悌忠信，入以事其父兄，出以事其長上；可使制梃以撻秦楚之堅甲利兵矣。彼奪其民時，使不得耕耨，以養其父母；父母凍餓，兄弟妻子離散。彼陷溺其民，王往而征之，夫誰與王敵？故曰：『仁者無敵。』王請勿疑。」

忠信 盡己之謂忠，以實之謂信。

制 與「掣」通，曳、取。

撻 打。

彼 指敵國秦、楚、齊。

陷溺其民 指殘害其民。

6 孟子見梁襄王。出語人曰：「望之不似人君，就之而不見所畏焉。卒然問曰：『天下惡乎定？』吾對曰：『定于一。』『孰能一之？』對曰：『不嗜殺人者能一之。』『孰能與之？』對曰：『天下莫不與也。王知夫苗乎？七八月之間旱，則苗槁矣。天油然作

梁襄王 梁惠王的兒子。

語 告訴。

卒然 突然。

與 從，跟。

七八月之間旱 周代曆法的七八月，相當於夏曆的五六月，正是禾苗渴水的時候。

油然 形容雲氣聚合的樣子。

雲，沛然下雨，則苗浡然興之矣。其如是，孰能禦之？今夫天下之人牧，未有不嗜殺人者也；如有不嗜殺人者，則天下之民，皆引領而望之矣。誠如是也，民歸之，由水之就下，沛然誰能禦之？』」

浡然興之 即蓬勃地興起。

人牧 治理人民的人，指國君。

由 與「猶」通。

7 齊宣王問曰：「齊桓、晉文之事可得聞乎？」孟子對曰：「仲尼之徒，無道桓、文之事者，是以後世無傳焉，臣未之聞也。無以，則王乎？」

曰：「德何如則可以王矣？」

曰：「保民而王，莫之能禦也。」曰：「若寡人者，可以保民乎哉？」曰：「可。」

齊宣王 田氏名辟疆，諸侯僭稱王也。

無以 不得已。「以」同「已」。

王 君臨天下之道。

保 愛護。

曰：「何由知吾可也？」曰：「臣聞之胡齕曰，王坐於堂上，有牽牛而過堂下者，王見之，曰：『牛何之？』對曰：『將以釁鐘。』王曰：『舍之！吾不忍其觳觫，若無罪而就死地。』對曰：『然則廢釁鐘與？』曰：『何可廢也？以羊易之！』不識有諸？」

何由　從何。

胡齕　齊宣王的近臣。

釁鐘　周朝的一種禮儀。在古代，鐘被視為一種神器，新鑄成的鐘要用牛羊的鮮血予以祭祀。

觳觫　戰慄。

曰：「有之。」曰：「是心足以王矣。百姓皆以王為愛也。臣固知王之不忍也。」

王曰：「然；誠有百姓者。齊國雖褊小，吾何愛一牛？即不忍其觳觫，若無罪而就死地，故以羊易之也。」曰：「王無異於百姓之以王為愛也。以小易大，彼惡知之？王若隱其

愛　吝嗇。
褊　小。
異　奇怪。

無罪而就死地，則牛羊何擇焉？」

王笑曰：「是誠何心哉？我非愛其財而易之以羊也。宜乎百姓之謂我愛也。」曰：「無傷也，是乃仁術也。見牛未見羊也。君子之於禽獸也，見其生，不忍見其死；聞其聲，不忍食其肉。是以君子遠庖廚

無傷　沒關係。

遠　遠離。

也。」

王說曰：「《詩》云：『他人有心，予忖度之。』夫子之謂也。夫我乃行之，反而求之，不得吾心；夫子言之，於我心有戚戚焉。此心之所以合於王者，何也？」曰：「有復於王者曰：『吾力足以舉百鈞，而不足以舉一羽；明足以察秋毫

忖度　思量揣摩。

戚戚　心動貌。

復　報告。

百鈞　三千斤，喻至重。

秋毫之末　獸毛至秋而末銳，比喻至微而難見。

之末，而不見輿薪。』則王許之乎？」曰：「否。」

「今恩足以及禽獸，而功不至於百姓者，獨何與？然則一羽之不舉，為不用力焉；輿薪之不見，為不用明焉；百姓之不見保，為不用恩焉。故王之不王，不為也，非不能也。」

曰：「不為者與不能者之形，

許：信。

形：情形。

何以異？」曰：「挾太山以超北海，語人曰『我不能』是誠不能也。為長者折枝，語人曰『我不能』是不為也，非不能也。故王之不王，非挾太山以超北海之類也；王之不王，是折枝之類也。

「老吾老，以及人之老；幼吾幼，以及人之幼，天下可運於

北海　渤海，在齊國之北。

為長者折枝　受長者之命折草木之枝。

老　敬也。

幼　愛也。

運於掌　輕而易舉的意思。

掌。《詩》云：『刑于寡妻，至于兄弟，以御于家邦。』言舉斯心加諸彼而已。故推恩，足以保四海；不推恩，無以保妻子。古之人所以大過人者，無他焉，善推其所為而已矣。今恩足以及禽獸，而功不至於百姓者，獨何與？

「權，然後知輕重；度，然後

刑 為之模範。

寡妻 國君自稱寡人，故謙稱其妻為寡妻。

御 進，獻。

權 以秤稱物。

知長短。物皆然，心為甚。王請度之！」

「抑王興甲兵，危士臣，構怨於諸侯，然後快於心與？」

王曰：「否！吾何快於是？將以求吾所大欲也。」

曰：「王之所大欲，可得聞與？」王笑而不言。

曰：「為肥甘不足於口與？輕

度　以尺量物。

抑　或許，也許。

構　結。

大欲　貪欲之大者，即最大的願望。

煖不足於體與？抑為采色不足視於目與？聲音不足聽於耳與？便嬖不足使令於前與？王之諸臣，皆足以供之，而王豈為是哉？」

曰：「否！吾不為是也。」

曰：「然則王所之大欲，可知已：欲辟土地，朝秦楚，莅中國，而撫四夷也。以若所

便嬖 能說會道，善於迎合的寵臣、親信。

辟 開拓、開闢。

朝 使之來朝。

莅 君臨統治之意。

為，求若所欲，猶緣木而求魚也。」

王曰：「若是其甚與？」

曰：「殆有甚焉！緣木求魚，雖不得魚，無後災；以若所為，求若所欲，盡心力而為之，後必有災。」

曰：「可得聞與？」曰：「鄒人與楚人戰，則王以為孰勝？」

緣木 爬樹。

後必有災 孟子指盡心戰鬥，必有殘民破國之災。

曰：「楚人勝。」曰：「然則小固不可以敵大，寡固不可以敵眾，弱固不可以敵彊。海內之地方千里者九，齊集有其一。以一服八，何以異於鄒敵楚哉？蓋亦反其本矣。今王發政施仁，使天下仕者皆欲立於王之朝，耕者皆欲耕於王之野，商賈皆欲藏於王之市，行

齊集有其一 指齊合併諸小國，其地千里，有天下九分之一。

蓋亦反其本 合當返王道之本。「蓋」同「盍」，合也。

旅皆欲出於王之塗，天下之欲疾其君者，皆欲赴愬於王。其若是，孰能禦之？」

王曰：「吾惽，不能進於是矣。願夫子輔吾志，明以教我。我雖不敏，請嘗試之。」

曰：「無恆產而有恆心者，惟士為能。若民，則無恆產，因無恆心。苟無恆心，放辟邪侈

疾　怨恨。
愬　訴苦。
恆產　可常生之業。
恆心　人所常有之善心。
放辟邪侈　肆意為非作歹。

無不為已。及陷於罪，然後從而刑之，是罔民也。焉有仁人在位罔民而可為也？是故明君制民之產，必使仰足以事父母，俯足以畜妻子，樂歲終身飽，凶年免於死亡；然後驅而之善，故民之從之也輕。今也制民之產，仰不足以事父母，俯不足以畜妻子；樂歲終身

罔民　張羅網陷害人民。
樂歲　豐年。
制　訂立制度。
輕　易也。

苦，凶年不免於死亡。此惟救死而恐不贍，奚暇治禮義哉？王欲行之，則盍反其本矣：五畝之宅，樹之以桑，五十者可以衣帛矣。雞豚狗彘之畜，無失其時，七十者可以食肉矣。百畝之田，勿奪其時，八口之家可以無飢矣。謹庠序之教，申之以孝悌之義，頒白者不負

贍 足。

奚暇 哪裡有空暇。

盍 何不。

庠序 皆鄉學之名。殷曰序，周曰庠。

申 反覆開導。

頒白 老人頭髮半黑半白。

戴於道路矣。老者衣帛食肉，黎民不飢不寒，然而不王者，未之有也。」

黎民　黑髮之人，少壯之人。黎，黑。

梁惠王 下

1 莊暴見孟子曰：「暴見於王，王語暴以好樂，暴未有以對也。曰：『好樂』，何如？」

孟子曰：「王之好樂甚，則齊國其庶幾乎！」

他日，見於王曰：「王嘗語莊子以好樂，有諸？」

王變乎色，曰：「寡人非能好先王之樂也，直好世俗之樂

莊暴 齊國大臣。

見於王 被齊王召見。

庶幾 差不多。

莊子 此指莊暴。

變乎色 改變了臉色。

直 不過、僅僅。

耳。」

曰：「王之好樂甚，則齊其庶幾乎！今之樂猶古之樂也。」

曰：「可得聞與？」

曰：「獨樂樂，與人樂樂，孰樂？」曰：「不若與人。」

曰：「與少樂樂，與眾樂樂，孰樂？」曰：「不若與眾。」

「臣請為王言樂：今王鼓樂於

獨樂樂　獨自聽音樂取樂。
鼓樂　奏樂。

此，百姓聞王鐘鼓之聲，管籥之音，舉疾首蹙頞而相告曰：『吾王之好鼓樂，夫何使我至於此極也？父子不相見，兄弟妻子離散。』今王田獵於此，百姓聞王車馬之音，見羽旄之美，舉疾首蹙頞而相告曰：『吾王之好田獵，夫何使我至於此極也？父子不相見，兄弟

管籥 趙注云：「管，笙；籥，簫。」笙是簧管樂器，商代甲骨文中已有記載；此處的簫是指排簫，與現在所稱類似笛的簫不同。

疾首蹙頞 疾首，頭痛。指憂苦至極。蹙頞，皺縮鼻翼。愁苦貌。

極 窮困。

田獵 在野外打獵。古人主張應該在農閒時候有節制地舉行，以免擾亂正常的生產秩序。

羽旄 羽是五彩鳥羽，旄指犛牛尾，引申為旌旛之代稱。

妻子離散。』此無他，不與民同樂也。

「今王鼓樂於此，百姓聞王鐘鼓之聲，管籥之音，舉欣欣然有喜色而相告曰：『吾王庶幾無疾病與？何以能鼓樂也？』今王田獵於此，百姓聞王車馬之音，見羽旄之美，舉欣欣然有喜色而相告曰：『吾王庶幾無疾病與？何以能田獵也？』此無他，與民同樂也。今王與百姓同樂，則王矣。」

2 齊宣王問曰：「文王之囿方七十里，有諸？」孟子對曰：「於傳有之。」曰：「若是其大乎？」曰：「民猶以為小也。」曰：「寡人之囿方四十里，民猶以為大，何也？」曰：「文王之囿方七十里，芻蕘者往焉，雉兔者往焉，與民同之。

囿 古代供帝王貴族進行狩獵、遊樂的園林。

傳 古書。

芻蕘者 割草打柴的人。芻，草地。蕘，薪。

雉兔者 獵取山雉野兔的人。

民以為小，不亦宜乎？臣始至於境，問國之大禁，然後敢入。臣聞郊關之內有囿方四十里，殺其麋鹿者如殺人之罪，則是方四十里，為阱於國中。民以為大，不亦宜乎？」

大禁 最大的禁忌。

郊關 四郊之門。古代城邑四郊具拱衛防禦作用的關門。

為阱 布置陷阱。

3 齊宣王問曰：「交鄰國有道乎？」孟子對曰：「有。惟仁者為能以大事小，是故湯事葛，文王事昆夷。惟智者為能以小事大，故大王事獯鬻，句踐事吳。以大事小者，樂天者也；以小事大者，畏天者也。樂天者保天下，畏天者保其國。《詩》云：『畏天之威，

湯事葛 葛為小國，湯禮遇之，而葛君還隨意殺人，湯不得已而滅其國。

昆夷 西戎國名。昆夷伐周，一日三至周之東門，文王雖怒但仍派使者聘問，不廢交鄰之禮。

大王事獯鬻 大王即太王，周文王之祖古公亶父。獯鬻，北狄之強者，堯時曰葷粥，周曰獫狁，秦曰匈奴。匈奴欲侵地取財，大王不欲人民死傷，與所屬亡走岐下。

勾踐事吳 句踐為吳夫差所敗。投降後，忍辱臥薪嘗膽，十年生聚，十年教訓，終於滅吳。

于時保之。』」王曰：「大哉言矣！寡人有疾，寡人好勇。」對曰：「王請無好小勇。夫撫劍疾視曰：『彼惡敢當我哉！』此匹夫之勇，敵一人者也。王請大之！《詩》云：『王赫斯怒，爰整其旅，以遏徂莒，以篤周祜，以對于天下。』此文王之勇也。

樂天 喜歡真理。
畏天 敬畏真理。
樂天者保天下 樂天的人包容大度。
畏天者保其國 畏天的人謹守禮法。
時 與「是」通。
寡人 秦始皇之前的君主自稱，春秋戰國時期常用。
疾 毛病。
小勇 指血氣之勇。**惡** 何。
赫斯 發怒的樣子。
爰整其旅 於是出兵討伐。爰，於是。旅，師眾。

文王一怒而安天下之民。《書》曰：『天降下民，作之君，作之師，惟曰：其助上帝，寵之。四方有罪無罪，惟我在，天下曷敢有越厥志？』一人衡行於天下，武王恥之。此武王之勇也。而武王亦一怒而安天下之民。今王亦一怒而安天下之民，民惟恐王之不好勇也。」

以遏徂莒 以阻止開往莒國的軍隊。遏，止。徂，往，到。莒，古國名。

以篤周祜 以增厚周室的福祉。篤，厚。祜，福。

作之君作之師 立其君師。「之」指下民。

我 指君師。

天下曷有敢越厥志 天下人哪裡敢做出逾越本心的事呢？厥同「其」。

一人衡行 指紂橫行不法。「一人」乃獨夫之意。衡同「橫」。

4 齊宣王見孟子於雪宮。王曰：「賢者亦有此樂乎？」

孟子對曰：「有。人不得，則非其上矣。不得而非其上者，非也；為民上而不與民同樂者，亦非也。樂民之樂者，民亦樂其樂；憂民之憂者，民亦憂其憂。樂以天下，憂以天下，然而不王者，未之有也。

雪宮 戰國時齊國的離宮名。

非 即非難、埋怨。

非也 錯誤。

樂以天下 言君之樂由於天下百姓皆樂也。以，由也。

「昔者齊景公問於晏子曰：『吾欲觀於轉附、朝儛，遵海而南，放於琅邪，吾何修而可以比於先王觀也？』

「晏子對曰：『善哉問也！天子適諸侯曰巡狩。巡狩者，巡所守也。諸侯朝於天子曰述職。述職者，述所職也。無非事者。春省耕而補不足，秋

齊景公 春秋時代齊國國君。

晏子 春秋時齊國賢相，名嬰。

轉附、朝儛 均為山名。

放 至。

琅邪 山名，在今山東省諸城東南。

何修 如何整備。

巡狩 即巡守，巡視諸侯為天子所守之土也。

無非事 沒有不是正經大事的。

省 視察。

省斂而助不給。夏諺曰：『吾王不遊，吾何以休？吾王不豫，吾何以助？一遊一豫，為諸侯度。』今也不然：師行而糧食，飢者弗食，勞者弗息；睊睊胥讒，民乃作慝。方命虐民，飲食若流；流連荒亡，為諸侯憂。從流下而忘反，謂之流，從流上而忘反，謂之連；

斂 收穫。

給 足。

夏諺 夏朝的諺語。

豫 義同「遊」。

睊睊 側目怒視。

胥 相。

讒 毀謗。

慝 惡。

方命 違反命令。

流 放蕩。

連 逆水行舟，用徒役引之。

從獸無厭，謂之荒；樂酒無厭，謂之亡。先王無流連之樂、荒亡之行。惟君所行也。』「景公說，大戒於國，出舍於郊。於是始興發，補不足。召太師，曰：『為我作君臣相說之樂。』蓋〈徵招〉、〈角招〉是也。其《詩》曰：『畜君何尤！』畜君者，好君也。」

從獸 追逐禽獸。

荒 指政事荒廢。

亡 以致國家喪亡。

大戒 充分的準備。

太師 古代的樂官。

徵招角招 樂名，即太師承命而作者。

畜君何尤 阻止國君的私慾，有什麼罪過？畜，止。尤，過失。

5 齊宣王問曰：「人皆謂我毀明堂，毀諸？已乎？」

孟子對曰：「夫明堂者，王者之堂也；王欲行王政，則勿毀之矣。」

王曰：「王政可得聞與？」

對曰：「昔者文王之治岐也，耕者九一，仕者世祿，關市譏而不征，澤梁無禁，罪人不

明堂 天子接見諸侯而設的建築。此時天子巡狩之禮已廢，諸侯不當居之，故有毀堂之憂。

已 止、不。

岐 又名岐周，岐山下之周原。

耕者九一 把耕地劃成井字形，每井九百畝，周圍八家各一百畝，屬私田，中間一百畝屬公田，由八家共同耕種，收入歸公家。故名九一稅制。

仕者世祿 仕者子孫承其俸祿。

關市譏而不征 在關卡和市場上設吏察問而不征稅。

孥。老而無妻曰鰥，老而無夫曰寡，老而無子曰獨，幼而無父曰孤。此四者，天下之窮民而無告者。文王發政施仁，必先斯四者。《詩》云：『哿矣富人，哀此煢獨。』」

王曰：「善哉言乎！」

曰：「王如善之，則何為不行？」

澤梁 在流水中攔魚的設備。

不孥 罪不及妻子。

無告 無處訴說痛苦。

哿 可以。

煢獨 孤獨無依的人。

王曰：「寡人有疾，寡人好貨。」

對曰：「昔者公劉好貨；《詩》云：『乃積乃倉，乃裹餱糧，于橐于囊，思戢用光。弓矢斯張，干戈戚揚，爰方啓行。』故居者有積倉，行者有裹糧也，然後可以爰方啓行。王如好貨，與百姓同之，於王

好貨 喜歡財貨。

公劉 后稷的曾孫，周朝的始祖。

餱糧 乾糧。

橐囊 盛物之袋，不縫底而以繩繫兩端之口曰橐，縫底者曰囊。

思戢用光 安集人民，光大基業。思，語氣詞。

干戈戚揚 四種兵器。干，盾。戈，平頭戟。戚，斧。揚，鉞，大斧。

爰方啟行 爰，於是。方，開始。啟行，出發。

何有 何難之有。

何有？」

王曰：「寡人有疾，寡人好色。」

對曰：「昔者大王好色，愛厥妃；《詩》云：『古公亶父，來朝走馬，率西水滸，至於岐下，爰及姜女，聿來胥宇。』當是時也，內無怨女，外無曠夫。王如好色，與百姓同之，

古公亶父 周文王的祖父周太王。

率 循著。

滸 水涯。

姜女 太王之妃太姜。

聿 語首詞，無義。

胥宇 省視可住之處。

怨女曠夫 指已到婚齡而沒有合適配偶的男女。

於王何有？」

6 孟子謂齊宣王，曰：「王之臣，有託其妻子於其友，而之楚遊者；比其反也，則凍餒其妻子。則如之何？」王曰：「棄之。」

曰：「士師不能治士，則如之何？」王曰：「已之。」

曰：「四境之內不治，則如之何？」王顧左右而言他。

比 等到。

反 同「返」。

餒 飢餓。

棄之 與他絕交。

士師 獄官。

治士 管束屬下的鄉士、遂士。

已之 罷免他。

7 孟子見齊宣王，曰：「所謂故國者，非謂有喬木之謂也，有世臣之謂也。王無親臣矣，昔者所進，今日不知其亡也。」

王曰：「吾何以識其不才而舍之？」

曰：「國君進賢，如不得已，將使卑踰尊，疏踰戚，可不慎與？左右皆曰賢，未可也；諸

故國　指歷史悠久的國家。
喬木　高大的樹木。
世臣　累世勳舊之臣。
親臣　君所親信之臣。
進　進用。
亡　去位，去職。
不才　沒有才幹。
左右　指近臣。

大夫皆曰賢，未可也；國人皆曰賢，然後察之，見賢焉，然後用之。左右皆曰不可，勿聽；諸大夫皆曰不可，勿聽；國人皆曰不可，然後察之，見不可焉，然後去之。左右皆曰可殺，勿聽；諸大夫皆曰可殺，勿聽；國人皆曰可殺，然後察之，見可殺焉，然後殺

之。故曰國人殺之也。如此，
然後可以為民父母。」

8

齊宣王問曰：「湯放桀，武王伐紂，有諸？」

孟子對曰：「於傳有之。」

曰：「臣弒其君，可乎？」

曰：「賊仁者，謂之賊；賊義者，謂之殘。殘賊之人，謂之一夫。聞誅一夫紂矣，未聞弒君也。」

放 流放。湯把桀放逐到南巢。

傳 史籍有記載。

弒 以下犯上殺死君王。

賊 賊害。

殘 殘傷。

一夫 獨斷專制的君王。

誅 殺。

9 孟子見齊宣王，曰：「為巨室，則必使工師求大木。工師得大木，則王喜，以為能勝其任也。匠人斲而小之，則王怒，以為不勝其任矣。夫人幼而學之，壯而欲行之，王曰：『姑舍女所學而從我』，則何如？今有璞玉於此，雖萬鎰，必使玉人雕琢之。至於治國

工師 匠人之長。

姑 暫且。

鎰 黃金二十兩。

家，則曰：『姑舍女所學而從我』，則何以異於教玉人雕琢玉哉？」

10 齊人伐燕，勝之。宣王問曰：「或謂寡人勿取，或謂寡人取之。以萬乘之國伐萬乘之國，五旬而舉之，人力不至於此。不取，必有天殃。取之，何如？」

孟子對曰：「取之而燕民悅，則取之；古之人有行之者，武王是也。取之而燕民不悅，

燕　國名。

取　據為己有。

旬　十日為旬。

天殃　天降的災殃。

則勿取；古之人有行之者，文王是也。以萬乘之國伐萬乘之國，簞食壺漿以迎王師，豈有他哉？避水火也。如水益深，如火益熱，亦運而已矣。」

他 指其他的原因。

運 轉而另求賢君的意思。

11 齊人伐燕，取之。諸侯將謀救燕。宣王曰：「諸侯多謀伐寡人者，何以待之？」孟子對曰：「臣聞七十里為政於天下者，湯是也。未聞以千里畏人者也。《書》曰：『湯一征，自葛始，天下信之，東面而征，西夷怨；南面而征，北狄怨；曰：奚為後我？』民

待 禦。

湯一征自葛始 商湯征伐，從葛國開始。一征，初征。

奚為後我 為何把我擺在後面。

望之，若大旱之望雲霓也。歸市者不止，耕者不變。誅其君而弔其民，若時雨降，民大悅。《書》曰：『徯我后，后來其蘇。』

「今燕虐其民，王往而征之，民以為將拯己於水火之中也，簞食壺漿以迎王師；若殺其父兄，係累其子弟，毀其宗廟，

霓 虹霓清晨出現在西方，是下雨的徵兆。

歸市者 指做生意的人。

弔 安撫，慰問。

時雨 及時雨。

徯我后后來其蘇 等待我們的王，他來了，我們也就復活了。徯，等待。后，君也。

係累 束縛，捆綁。

遷其重器，如之何其可也？天下固畏齊之彊也，今又倍地而不行仁政，是動天下之兵也。王速出令，反其旄倪，止其重器；謀於燕眾，置君而後去之，則猶可及止也。」

重器 貴重的祭器。

固 通「故」，本來就。

倍地 占領燕國，增加了一倍土地。

反其旄倪 把俘虜的老人和幼兒放回去。

12 鄒與魯鬨。穆公問曰：「吾有司死者三十三人，而民莫之死也。誅之，則不可勝誅；不誅，則疾視其長上之死而不救，如之何則可也？」

孟子對曰：「凶年饑歲，君之民，老弱轉乎溝壑，壯者散而之四方者，幾千人矣；而君之倉廩實、府庫充，有司莫

鄒與魯鬨 鄒國與魯國交戰。鬨，構兵而鬥。

穆公 鄒國的國君，鄒穆公。

有司 官吏。

莫之死 即「莫死之」的倒裝，「之」指「有司」。

疾視 瞋目怒視。

轉乎溝壑 棄屍於溝壑之中。

倉廩 貯藏米穀的倉庫。

府庫 貯藏財物、兵甲的處所。

以告。是上慢而殘下也。曾子曰：『戒之戒之！出乎爾者，反乎爾者也。』夫民今而後得反之也，君無尤焉。君行仁政，斯民親其上，死其長矣。」

慢 輕忽政事。

反 還報。

13 滕文公問曰：「滕，小國也，間於齊、楚。事齊乎？事楚乎？」

孟子對曰：「是謀非吾所能及也。無已，則有一焉：鑿斯池也，築斯城也，與民守之，效死而民弗去，則是可為也。」

滕文公 戰國時代滕國的國君，崇尚孟子之學，為太子時，曾在宋國見孟子，向其請教治國之策。

及 想得到。

無已 不得已。

池 護城河。

效 至。

14 滕文公問曰：「齊人將築薛，吾甚恐，如之何則可？」

孟子對曰：「昔者大王居邠，狄人侵之，去之岐山之下居焉。非擇而取之，不得已也。苟為善，後世子孫必有王者矣。君子創業垂統，為可繼也；若夫成功，則天也。君如彼何哉？彊為善而已矣。」

築薛 在薛地築城。

邠 與「豳」同。古代諸侯國名。

創業垂統 創立功業，傳給後代子孫。垂，流傳。統，指一脈相承的系統。

彊 勉強。

15 滕文公問曰：「滕，小國也；竭力以事大國，則不得免焉。如之何則可？」

孟子對曰：「昔者大王居邠，狄人侵之。事之以皮幣，不得免焉；事之以犬馬，不得免焉；事之以珠玉，不得免焉。乃屬其耆老而告之曰：『狄人之所欲者，吾土地也。吾聞之

不得免 免不了受敵國侵伐。

皮幣 毛皮和繒帛，古代用作聘享的貴重禮物。

屬 會集。

也：君子不以其所以養人者害人。二三子何患乎無君？我將去之。』去邠，踰梁山，邑於岐山之下居焉。邠人曰：『仁人也，不可失也。』從之者如歸市。或曰：『世守也，非身之所能為也；效死勿去。』君請擇於斯二者。」

去邠 離開邠地。
邑 建立城邑。
歸市 形容人多而踴躍。

16魯平公將出，嬖人臧倉者請曰：「他日君出，則必命有司所之；今乘輿已駕矣，有司未知所之，敢請。」公曰：「將見孟子。」曰：「何哉，君所為輕身以先於匹夫者，以為賢乎？禮義由賢者出；而孟子之後喪踰前喪。君無見焉。」公曰：「諾。」

魯平公 魯君，名叔。

嬖人 身份卑下而受寵愛的人。指姬妾、侍臣、左右等。

請問。

他日 昔日。

命告。

後喪踰前喪 孟子前喪父，後喪母，此指孟子替母親辦喪事比替父親辦得隆重一些。

樂正子入見，曰：「君奚為不見孟軻也？」曰：「或告寡人曰：『孟子之後喪踰前喪。』是以不往見也。」曰：「何哉？君所謂踰者。前以士，後以大夫；前以三鼎，而後以五鼎與？」曰：「否，謂棺槨衣衾之美也。」曰：「非所謂踰也，貧富不同

樂正子 樂正克，姓樂正，名克，典籍中常以「樂正子」稱呼他。

三鼎五鼎 鼎，食器名，此指盛祭品之鼎。三鼎是士祭禮，五鼎是大夫祭禮。

棺槨衣衾 古代棺木有兩重，盛放屍體的叫棺，套在棺外的叫槨。衾，死人蓋的被子。

也。」

樂正子見孟子，曰：「克告於君，君為來見也；嬖人有臧倉者沮君，君是以不果來也。」

曰：「行，或使之；止，或尼之；行止，非人所能也。吾之不遇魯侯，天也。臧氏之子，焉能使予不遇哉？」

為 將。
嬖人 寵臣。
沮 通「阻」。
不果 不能。
使之 慫恿他。
尼 止。

公孫丑上

1 公孫丑問曰：「夫子當路於齊，管仲、晏子之功，可復許乎？」

孟子曰：「子誠齊人也，知管仲、晏子而已矣！或問乎曾西曰：『吾子與子路孰賢？』曾西蹵然曰：『吾先子之所畏也。』曰：『然則吾子與管仲孰賢？』曾西艴然不悅曰：

公孫丑 孟子的學生，齊國人。

當路 當權，當政。

管仲 齊大夫，字仲，名夷吾。相齊桓公，霸諸侯。

許 興盛。

曾西 名曾申，字子西，魯國人，孔子學生曾參的兒子。

吾子 相當於「吾兄」。

蹵然 不安的樣子。

先子 指已逝世的長輩。

艴然 惱怒的樣子。

『爾何曾比予於管仲？管仲得君如彼其專也，行乎國政如彼其久也，功烈如彼其卑也！爾何曾比予於是！』」

烈業也。

曰：「管仲，曾西之所不為也。而子為我願之乎？」

曰：「管仲以其君霸，晏子以其君顯，管仲、晏子猶不足為與？」

曰：「以齊王，由反手也。」

曰：「若是，則弟子之惑滋甚。且以文王之德，百年而後崩，猶未洽於天下；武王、周公繼之，然後大行。今言王若易然，則文王不足法與？」

曰：「文王何可當也？由湯至於武丁，賢聖之君六七作，天下歸殷久矣，久則難變也。

反手 比喻事情很容易。

百年 泛指壽命很長。

洽 遍。

周公 名姬旦，周文王的兒子，武王的弟弟，輔助武王伐紂，統一天下，又輔助成王定亂，安定天下成為魯國的始祖。

作 相當於「起」。

武丁朝諸侯，有天下，猶運之掌也。紂之去武丁未久也，其故家遺俗，流風善政，猶有存者；又有微子、微仲、王子比干、箕子、膠鬲，皆賢人也，相與輔相之，故久而後失之也。尺地，莫非其有也；一民，莫非其臣也；然而文王猶方百里起，是以難也。齊人有

微仲 子姓，名衍，宋國第二任國君，孔子十五世祖。

膠鬲 商周時人，紂時因遭世亂，曾隱遁為商。後以之指士人不在位而處於困難之境。

輔相 輔助。

言曰：『雖有智慧，不如乘
勢；雖有鎡基，不如待時。』
今時則易然也：夏后、殷、周
之盛，地未有過千里者也，而
齊有其地矣；雞鳴狗吠相聞，
而達乎四境，而齊有其民矣。
地不改辟矣，民不改聚矣；行
仁政而王，莫之能禦也。且王
者之不作，未有疏於此時者

鎡基　農具。
時　耕種之時。

也；民之憔悴於虐政，未有甚於此時者也。飢者易為食，渴者易為飲。孔子曰：『德之流行，速於置、郵而傳命。』當今之時，萬乘之國行仁政，民之悅之，猶解倒懸也。故事半古之人，功必倍之，惟此時為然。」

置郵 車馬傳遞為置，步行傳遞為郵，相當於後代的驛站。

2 公孫丑問曰：「夫子加齊之卿相，得行道焉，雖由此霸王不異矣。如此，則動心否乎？」

孟子曰：「否，我四十不動心。」

曰：「若是則夫子過孟賁遠矣。」

曰：「是不難。告子先我不動心。」

加 居。

卿相 相為百官之長，古以上卿任之，故曰卿相。

動心 心志浮動不安。

孟賁 古之勇士，衛人。

告子 與孟子同時的學者，姓告，名不詳。

曰：「不動心有道乎？」

曰：「有。北宮黝之養勇也，不膚橈，不目逃。思以一毫挫於人，若撻之於市朝。不受於褐寬博，亦不受於萬乘之君；視刺萬乘之君，若刺褐夫，無嚴諸侯；惡聲至，必反之。孟施舍之所養勇也，曰：『視不勝猶勝也；量敵而後進，

北宮黝 齊人，姓北宮，名黝。

膚橈 橈同撓，屈也。指肌膚被刺而屈服。

目逃 目遇刺而轉睛逃避。

褐寬博 此指穿著寬大褐衣的匹夫，即下文的「褐夫」。

無嚴 不畏懼。

孟施舍 古人名。姓孟，名施舍；一說姓孟施，名舍。

視不勝猶勝也 指不畏戰敗。

慮勝而後會，是畏三軍者也。舍豈能為必勝哉？能無懼而已矣。』孟施舍似曾子，北宮黝似子夏。夫二子之勇，未知其孰賢；然而孟施舍守約也。昔者曾子謂子襄曰：『子好勇乎？吾嘗聞大勇於夫子矣：自反而不縮，雖褐寬博，吾不惴焉？自反而縮，雖千萬人，吾

三軍 周制天子六軍，諸侯三軍，每軍一萬二千五百人。此借指強敵眾多。

子夏 姓卜，名商，字子夏，孔子弟子。

守約 掌握較切要近理。

子襄 曾參弟子。

自反而不縮 自我反省而不覺理虧。

往矣！』孟施舍之守氣，又不如曾子之守約也。」

曰：「敢問夫子之不動心與告子之不動心，可得聞與？」

「告子曰：『不得於言，勿求於心；不得於心，勿求於氣。』不得於心，勿求於氣，可；不得於言，勿求於心，不可。夫志，氣之帥也；氣，體

守氣　把握培養勇氣的道理。

勿求於氣　不問其口氣之好壞。

之充也。夫志至焉，氣次焉。故曰：持其志，無暴其氣。」

「既曰『志至焉，氣次焉』，又曰『持其志，無暴其氣』者，何也？」

曰：「志壹則動氣；氣壹則動志也。今夫蹶者、趨者，是氣也；而反動其心。」

「敢問夫子惡乎長？」

次 止也。

持其志無暴其氣 當守其志，使不踰正軌，不亂其氣。

蹶 跳走。

趨 快步走。

曰：「我知言，我善養吾浩然之氣。」

「敢問何謂浩然之氣？」

曰：「難言也。其為氣也，至大至剛，以直養而無害，則塞於天地之間。其為氣也，配義與道；無是，餒也。是集義所生者，非義襲而取之也；行有不慊於心，則餒矣。我故曰告

直 正道。

配義與道 指氣因義道而盛大，道義得氣而伸張，兩相配合即「配義與道」。

餒 萎靡。

襲 掩取。

不慊於心 不合道義，內心不滿足。

子未嘗知義。以其外之也。必有事焉而勿正，心勿忘，勿助長也。無若宋人然：宋人有閔其苗之不長而揠之者，芒芒然歸，謂其人曰：『今日病矣！予助苗長矣！』其子趨而往視之，苗則槁矣。天下之不助苗長者寡矣。以為無益而舍之者，不耘苗者也。助之長者，

閔　通「憫」。憂也。

芒芒　疲倦的樣子。

其人　其家人。

病　疲倦。

揠苗者也；非徒無益，而又害之。」

「何謂知言？」曰：「詖辭，知其所蔽；淫辭，知其所陷；邪辭，知其所離；遁辭，知其所窮。生於其心，害於其政，發於其政，害於其事。聖人復起，必從吾言矣。」

「宰我、子貢善為說辭，冉

詖辭 偏執的言辭。

淫 放蕩。

陷 沉溺。

邪 邪僻。

離 叛離。

遁 逃避。

窮 困屈。

宰我、子貢 都是孔子弟子。宰我，姓宰，名予，字子我。子貢，姓端木，名賜，字子貢。

牛、閔子、顏淵善言德行。孔子兼之，曰：『我於辭命，則不能也。』然則夫子既聖矣乎？」曰：「惡！是何言也！昔者子貢問於孔子曰：『夫子聖矣乎？』孔子曰：『聖，則吾不能，我學不厭，而教不倦也。』子貢曰：『學不厭，智也；教不倦，仁也。仁且智，

說辭　言語。

冉牛、閔子、顏淵　都是孔子弟子。冉牛，姓冉，名耕，字伯牛。閔子，姓閔，名損，字子騫。顏淵，姓顏，名回，字子淵。

夫子既聖矣。』夫聖，孔子不居。是何言也！」

「昔者竊聞之：子夏、子游、子張皆有聖人之一體，冉牛、閔子、顏淵則具體而微，敢問所安？」曰：「姑舍是。」

曰：「伯夷、伊尹何如？」曰：「不同道。非其君不事，非其民不使，治則進，亂則退，伯

聖 無所不通曰聖。

子游、子張 都是孔子弟子。子游，姓言，名偃，字子游。子張，姓顓孫，名師，字子張。

一體 一肢。

具體而微 有其全體但比聖人微小。

所安 所處。

伯夷、伊尹 伯夷，商末孤竹國君的長子。伊尹，商湯之相，曾輔湯滅夏。

夷也。何事非君？何使非民？治亦進，亂亦進，伊尹也。可以仕則仕，可以止則止，可以久則久，可以速則速，孔子也。皆古聖人也，吾未能有行焉；乃所願，則學孔子也。」

「伯夷、伊尹於孔子，若是班乎？」曰：「否。自有生民以來，未有孔子也！」

班 等齊。

「然則有同與？」

曰：「有。得百里之地而君之，皆能以朝諸侯，有天下；行一不義，殺一不辜，而得天下，皆不為也。是則同。」

曰：「敢問其所以異？」

曰：「宰我、子貢、有若，智足以知聖人；汙，不至阿其所好。宰我曰：『以予觀於夫

汙通「夸」，誇大也。
阿私也。

子，賢於堯舜遠矣。』子貢曰：『見其禮而知其政，聞其樂而知其德，由百世之後，等百世之王，莫之能違也。自生民以來，未有夫子也。』有若曰：『豈惟民哉？麒麟之於走獸，鳳凰之於飛鳥，泰山之於丘垤，河海之於行潦，類也。聖人之於民，亦類也；出於其

堯舜 儒家推崇他們是古代聖君。

等 等第。

夫子 指孔子。

麒麟 傳說中的仁獸。雄曰麒，雌曰麟。

鳳凰 傳說的瑞鳥。雄曰鳳，雌曰凰。

垤 螞蟻做窩時封在洞口的土。

行潦 溝中的流水。

類，拔乎其萃，自生民以來，未有盛於孔子也！』」

萃 聚也。

盛 盛美，偉大。

3 孟子曰：「以力假仁者霸，霸必有大國；以德行仁者王，王不待大：湯以七十里，文王以百里。以力服人者，非心服也，力不贍也；以德服人者，中心悅而誠服也，如七十子之服孔子也。《詩》云：『自西自東，自南自北，無思不服。』此之謂也。」

假 假借。

待 等待，引申為依靠。

贍 充足。

《詩》 引自〈詩經．大雅．文王有聲〉。

思 語助詞，無義。「無思不服」即無不服。服，歸服。

4 孟子曰：「仁則榮，不仁則辱。今惡辱而居不仁，是猶惡溼而居下也。」

「如惡之，莫如貴德而尊士。賢者在位，能者在職；國家閒暇，及是時明其政刑，雖大國必畏之矣。《詩》云：『迨天之未陰雨，徹彼桑土，綢繆牖戶；今此下民，或敢侮予？』

貴德 重視德行。

士 指有才能的人。**職** 官職。

閒暇 指國家安定無內憂外患。

《詩》 引自〈詩經．豳風．鴟鴞〉。

迨 乘。

徹彼桑土 徹通「撤」，取也。桑土，桑根皮也。

綢繆 絞結束縛。

牖戶 指巢穴的出入通氣處。

下民 民義同「人」。此處以鴟鴞的口吻，其巢在上，所以稱人為「下民」。

孔子曰：『為此詩者，其知道乎！能治其國家，誰敢侮之？』

「今國家閒暇，及是時般樂怠敖，是自求禍也。禍福無不自己求之者。《詩》云：『永言配命，自求多福。』〈太甲〉曰：『天作孽，猶可違；自作孽，不可活。』此之謂也。」

予 鳥自稱也。

道 防患未然之道。

般樂 大肆作樂。

怠敖 怠惰遨遊。

《詩》 引自〈詩經・大雅・文王〉。

永言配命，自求多福 常思慮自己的行為是否合乎天理，以求美好的幸福生活。

〈太甲〉 《尚書》中的一篇。

違 避。

活 「逭」的借字，是「逃」的意思。

5 孟子曰：「尊賢使能，俊傑在位，則天下之士，皆悅而願立於其朝矣。市，廛而不征，法而不廛，則天下之商，皆悅而願藏於其市矣。關，譏而不征，則天下之旅，皆悅而願出於其路矣。耕者，助而不稅，則天下之農，皆悅而願耕於其野矣。廛，無夫里之布，則天

俊傑 才德出眾者。

廛 市中儲藏或堆積貨物的貨棧。

法而不廛 指官方依法規收購長期積壓於貨棧的貨物，以保證商人的利益。

譏 通「稽」。稽查。

旅 客寄他鄉之人。

助而不稅 指「耕者九一」的井田制只幫助種公田而不再收稅。

廛，無夫里之布 廛，這裡指民居。布，錢。里布、夫布，皆雜稅之稱。

下之民，皆悅而願為之氓矣。信能行此五者，則鄰國之民仰之若父母矣。率其子弟，攻其父母，自生民以來，未有能濟者也。如此，則無敵於天下。無敵於天下者，天吏也。然而不王者，未之有也。」

氓 指從別處移居來的移民。

信 誠。

天吏 順從上天旨意的執政者。

6 孟子曰：「人皆有不忍人之心。先王有不忍人之心，斯有不忍人之政矣。以不忍人之心，行不忍人之政，治天下可運之掌上。

「所以謂人皆有不忍人之心者：今人乍見孺子將入於井，皆有怵惕惻隱之心；非所以內交於孺子之父母也，非所以要

不忍人之心 不忍他人受害之心。

乍 突然、忽然。

孺子 小孩子。

怵惕 驚懼。

惻隱 哀痛。

內交 內交即結交，內同「納」。

譽於鄉黨朋友也，非惡其聲而然也。

「由是觀之，無惻隱之心，非人也；無羞惡之心，非人也；無辭讓之心，非人也；無是非之心，非人也。惻隱之心，仁之端也；羞惡之心，義之端也；辭讓之心，禮之端也；是非之心，智之端也。人之有是

要譽　博取名譽。要同「邀」，求。

鄉黨　鄰里。

端　開端，起源。

四端也，猶其有四體也。有是四端而自謂不能者，自賊者也；謂其君不能者，賊其君者也。

「凡有四端於我者，知皆擴而充之矣，若火之始然，泉之始達。苟能充之，足以保四海；苟不充之，不足以事父母。」

四體　四肢。

賊　害。

然　同「燃」。

達　通也。

四海　天下。

7 孟子曰：「矢人豈不仁於函人哉？矢人惟恐不傷人，函人惟恐傷人。巫匠亦然。故術不可不慎也。孔子曰：『里仁為美。擇不處仁，焉得智？』夫仁，天之尊爵也，人之安宅也。莫之禦而不仁，是不智也。不仁不智，無禮無義，人役也。人役而恥為役，由弓人

矢人 造箭的人。
函人 造鎧甲的人。
巫 巫醫。
匠 製作棺材的木匠。
天之尊爵 仁是上天給人最尊貴的爵位。
安宅 可安居之住宅。
禦 阻擋也。
人役 為人役使之人。
弓人 造箭的人。

而恥為弓、矢人而恥為矢也。如恥之，莫如為仁。仁者如射：射者正己而後發；發而不中，不怨勝己者，反求諸己而已矣。」

8 孟子曰：「子路，人告之以有過則喜。禹聞善言則拜。大舜有大焉，善與人同，舍己從人，樂取於人以為善。自耕稼陶漁，以至為帝，無非取於人者。取諸人以為善，是與人為善者也。故君子莫大乎與人為善。」

善與人同　善與人相交通而無所隔閡。

舍己從人　能放下自己的成見，欣賞他人的性情與表現。

樂取於人以為善　以他人之美善為美善，而樂於去學習。

耕稼陶漁　舜微賤時，曾耕於歷山，陶於河濱，漁於當澤。

與　讚許。

9 孟子曰：「伯夷非其君不事，非其友不友。不立於惡人之朝，不與惡人言；立於惡人之朝，與惡人言，如以朝衣朝冠坐於塗炭。推惡惡之心，思與鄉人立，其冠不正，望望然去之，若將浼焉。是故諸侯雖有善其辭命而至者，不受也。不受也者，是亦不屑就已。柳下

非其君 不合自己心意的國君。
不友 不結交為朋友。
朝 朝廷。**以** 穿戴著。
朝衣朝冠 上朝的時候所穿戴的衣冠。
塗炭 淤泥和木炭。喻汙穢之物。
推 推究。 **惡惡** 厭惡邪惡。
鄉人 同鄉之人。 **冠** 禮帽。
望望然 離去而不回頭的樣子。
浼 受到汙染。

惠不羞汙君，不卑小官。進不隱賢，必以其道。遺佚而不怨，阨窮而不憫。故曰：『爾為爾，我為我；雖袒裼裸裎於我側，爾焉能浼我哉！』故由由然與之偕而不自失焉，援而止之而止。援而止之而止者，是亦不屑去已。」孟子曰：「伯夷隘，柳下惠不恭。隘與

善其辭命 用華美的言辭和隆重的任命。
至 前來聘請。 **就** 接受。
柳下惠 魯國的大夫，姓展，名禽，因居住在柳下而以為氏，惠是其謚號。
不卑 不認為是卑下之事。
進 得到任用的時候。
隱賢 隱藏自己的賢能。
以其道 依據道義。
遺佚 被放棄而不用。
阨 受到困窘。 **憫** 憂慮。
袒裼 脫去上衣，裸露上身。
裸裎 脫去衣服，裸露身體。

不恭，君子不由也。」

由由然 自得的樣子。

偕 在一起。

援而止之 有人拉住而要留住他。

不屑去 不以離開看作清高之事。

隘 心胸狹窄。

不恭 過於簡單怠慢。

由 遵從。

公孫丑　下

1 孟子曰：「天時不如地利，地利不如人和。」

「三里之城，七里之郭，環而攻之而不勝。夫環而攻之，必有得天時者矣；然而不勝者，是天時不如地利也。城非不高也，池非不深也，兵革非不堅利也，米粟非不多也，委而去之，是地利不如人和也。」

天時 指有利於戰爭的時令、氣候、天象等。

地利 指城高池深、山川險要等對攻守有利的地理環境。

人和 指人心所向、上下團結。

城 古代城市有內外之分，內城稱「城」。

郭 古代城市有內外之分，外城稱「郭」。

革 甲。

米粟 泛指糧食。

委 放棄。

「故曰：域民不以封疆之界，固國不以山谿之險，威天下不以兵革之利；得道者多助，失道者寡助。寡助之至，親戚畔之；多助之至，天下順之。以天下之所順，攻親戚之所畔，故君子有不戰，戰必勝矣。」

域 此處指限定範圍。

畔 通「叛」，背叛。

有不戰 指不應或不必用戰爭的手法解決問題時就不用戰爭。

2 孟子將朝王。王使人來曰：「寡人如就見者也，有寒疾，不可以風。朝，將視朝，不識可使寡人得見乎？」對曰：「不幸而有疾，不能造朝。」明日，出弔於東郭氏。公孫丑曰：「昔者辭以病，今日弔，或者不可乎？」曰：「昔者疾，今日愈，如之何不弔？」

王 指齊王。

如 應當。

寒疾 畏寒之病。

朝將視朝 第一個「朝」即「清晨」之意；第二個「朝」意即「朝廷」，視朝即在朝廷處理政務。

不識 不知。

造朝 上朝。

東郭氏 齊國的大夫。

昔者 昨日。

愈 病好了。

王使人問疾，醫來。孟仲子對曰：「昔者有王命，有采薪之憂，不能造朝。今病小愈，趨造於朝，我不識能至否乎？」使數人要於路，曰：「請必無歸，而造於朝。」不得已，而之景丑氏宿焉。景子曰：「內則父子，外則君臣，人之大倫也。父子主恩，

孟仲子　孟子的堂兄弟，跟隨孟子學習。

采薪之憂　臣對君告病之謙辭。

要　攔截。

景丑氏　齊國的大夫。

君臣主敬。丑見王之敬子也，未見所以敬王也。」

曰：「惡！是何言也！齊人無以仁義與王言者，豈以仁義為不美也？其心曰：『是何足與言仁義也』云爾，則不敬莫大乎是。我非堯舜之道，不敢以陳於王前，故齊人莫如我敬王也。」

云爾 肯定的語氣。

景子曰：「否，非此之謂也。《禮》曰：『父召，無諾；君命召，不俟駕。』固將朝也，聞王命而遂不果，宜與夫禮若不相似然。」

曰：「豈謂是與？曾子曰：『晉楚之富，不可及也；彼以其富，我以吾仁；彼以其爵，我以吾義，吾何慊乎哉？』夫

父召無諾 聽到父親叫，不等說「諾」就要起身。

慊 不滿足。

豈不義而曾子言之？是或一道也。天下有達尊三：爵一，齒一，德一。朝廷莫如爵，鄉黨莫如齒，輔世長民莫如德。惡得有其一，以慢其二哉？故將大有為之君，必有所不召之臣；欲有謀焉，則就之。其尊德樂道，不如是，不足與有為也。故湯之於伊尹，學焉而後

達尊　人所共尊。

慢　輕侮。

學焉而後臣之　先從受學，師之也。後以為臣，任之也。

臣之，故不勞而王；桓公之於管仲，學焉而後臣之，故不勞而霸。今天下地醜德齊，莫能相尚，無他，好臣其所教，而不好臣其所受教。湯之於伊尹，桓公之於管仲，則不敢召。管仲且猶不可召，而況不為管仲者乎？」

地醜德齊 醜，同類。地相等，德相同，比喻彼此條件一樣。

相尚 互相超過。

所教 指可以役使者。

所受教 指賢德可以受教者。

3 陳臻問曰：「前日於齊，王餽兼金一百而不受；於宋，餽七十鎰而受；於薛，餽五十鎰而受。前日之不受是，則今日之受非也；今日之受是，則前日之不受非也。夫子必居一於此矣。」

孟子曰：「皆是也。當在宋也，予將有遠行，行者必以

陳臻 孟子的學生。

兼金 好金。因其價格雙倍於普通金，所以稱為「兼金」。

一百 即一百鎰，鎰為古代重量單位，一鎰為二十兩。

贐；辭曰：『餽贐。』予何為不受？當在薛也，予有戒心；辭曰：『聞戒，故為兵餽之。』予何為不受？若於齊，則未有處也。無處而餽之，是貨之也。焉有君子而可以貨取乎？」

贐 送行贈別的財物。

薛 春秋時有薛國，但在孟子的時代已被齊國所滅，這裡的薛是指齊國靖郭君田嬰的封地，在今山東滕縣東南。

戒心 戒備意外發生。

處 居，止也。

貨 以金錢收買。

4 孟子之平陸，謂其大夫曰：「子之持戟之士，一日而三失伍，則去之否乎？」

曰：「不待三。」

「然則子之失伍也亦多矣。凶年飢歲，子之民，老羸轉於溝壑，壯者散而之四方者，幾千人矣。」曰：「此非距心之所得為也。」

平陸　齊邊邑。
大夫　地方上的行政長官，此指孔距心。
持戟之士　持戟之衛士。
失伍　失其行列。
不待三　不必等到三次。
去之　罷去。
子之失伍　言其失職也。
羸　弱也。
所得為　所得專為。

曰：「今有受人之牛羊而為之牧之者，則必為之求牧與芻矣。求牧與芻而不得，則反諸其人乎？抑亦立而視其死與？」曰：「此則距心之罪也。」

他日，見於王曰：「王之為都者，臣知五人焉。知其罪者，惟孔距心。」為王誦之。

牧　牧地。
芻　飼牛羊之草。
為都　治理都邑。
誦　說。

王曰：「此則寡人之罪也。」

5 孟子謂蚳鼃曰：「子之辭靈丘而請士師，似也，為其可以言也。今既數月矣，未可以言與？」蚳鼃諫於王而不用，致為臣而去。齊人曰：「所以為蚳鼃，則善矣；所以自為，則吾不知也。」

蚳鼃 齊國大夫。

靈丘 齊國邑名。

士師 官名，掌禁令、獄訟、刑罰，為古代法官之通稱。

似也 似乎很有道理。

致為臣 致，還也。還祿位於君，即辭職也。

公都子以告。

曰：「吾聞之也：有官守者，不得其職則去；有言責者，不得其言則去。我無官守，我無言責也，則吾進退，豈不綽綽然有餘裕哉？」

公都子 孟子的弟子。

官守 官位職守。職事。

言責 獻言之責。

綽綽然 寬裕貌。

餘裕 寬舒有餘。

6 孟子為卿於齊，出弔於滕，王使蓋大夫王驩為輔行。王驩朝暮見，反齊滕之路，未嘗與之言行事也。

公孫丑曰：「齊卿之位，不為小矣；齊滕之路，不為近矣，反之而未嘗與言行事，何也？」曰：「夫既或治之，予何言哉？」

蓋 齊國邑名。

出弔於滕 奉齊王命，出弔滕君之喪也。

王驩 齊王寵臣，後為右師，是個讒佞小人。

輔行 副使。

反 往而還也。

行事 出使之事。

或 有人。

7孟子自齊葬於魯，反於齊，止於嬴。充虞請曰：「前日不知虞之不肖，使虞敦匠事。嚴，虞不敢請。今願竊有請也：木若以美然。」曰：「古者棺椁無度。中古棺七寸，椁稱之。自天子達於庶人，非直為觀美也，然後盡

齊葬於魯 孟子仕於齊，喪母，歸葬於魯。

嬴 齊南邑。

充虞 孟子的學生。

請 問也。

敦 監督。

匠事 木匠製作棺材的事。

嚴 急。

棺椁無度 指棺與槨都沒有尺寸規定。

中古 指周公治禮以後的時代。

觀美 即美觀。

於人心。不得，不可以為悅；無財，不可以為悅。得之為有財，古之人皆用之，吾何為獨不然？且比化者，無使土親膚，於人心獨無恔乎？吾聞之也：君子不以天下儉其親。」

不得 指禮制規定所不允許。

比 為了。

化者 死者。

恔 快慰，滿足。

不以天下儉其親 不以天下人所得用之物儉約於其親，意即事親須竭其力。

8 沈同以其私問曰：「燕可伐與？」

孟子曰：「可；子噲不得與人燕，子之不得受燕於子噲。有仕於此，而子悅之，不告於王，而私與之吾子之祿爵；夫士也，亦無王命，而私受之於子，則可乎？何以異於是？」

齊人伐燕。

沈同 齊國的大臣。

私 私人身分。

燕 周代諸侯國名。

子噲 燕國的國君。

子之 燕國的宰相。

仕 為官。

或問曰：「勸齊伐燕，有諸？」曰：「未也。沈同問：『燕可伐與？』吾應之曰：『可。』彼然而伐之也。彼如曰：『孰可以伐之？』則將應之曰：『為天吏，則可以伐之。』今有殺人者，或問之曰：『人可殺與？』則將應之曰：『可。』彼如曰：『孰可以殺之？』則

彼然 彼以為可伐。

天吏 代表上天管理人民的官員之意。

將應之曰：『為士師，則可以殺之。』今以燕伐燕，何為勸之哉？」

士師 主管獄訟的官吏。

以燕伐燕 指齊國與燕國一樣無道，拿齊國伐燕國，等於拿燕國伐燕國。

9 燕人畔。王曰：「吾甚慙於孟子。」

陳賈曰：「王無患焉。王自以為與周公孰仁且智？」

王曰：「惡！是何言也！」

曰：「周公使管叔監殷，管叔以殷畔。知而使之，是不仁也；不知而使之，是不智也。仁智，周公未之盡也；而況於

燕人畔 齊破燕，燕王噲死，子之亡。趙國便召燕公子職於韓，派樂池送入燕，立為燕王就是燕昭王。齊宣王原意在吞併燕國，而諸侯和燕國人合謀另立燕王，反抗齊國，從齊王言之，說這是「背叛」。

慙 今作「慚」。

陳賈 齊大夫。

管叔 名鮮，武王弟，周公兄也。

王乎？賈請見而解之。」見孟子，問曰：「周公何人也？」曰：「古聖人也。」曰：「使管叔監殷，管叔以殷畔也，有諸？」曰：「然。」曰：「周公知其將畔而使之與？」曰：「不知也。」「然則聖人且有過與？」曰：「周公弟也，管叔兄也。周公之過，不亦宜乎？且古之君子，過則改之；今之君子，過則順之。古之君子，其過也，如日月之食，民皆見之；及其更也，民皆仰之。今之君子，豈徒順之，又從為之辭。」

不亦宜乎 不也是應該的嗎？

順之 司遂其過而不知改也。

日月之食 日蝕月蝕的「蝕」字，古書多作「食」字。

更 改也。

辭 辯也。

10孟子致為臣而歸。王就見孟子曰：「前日願見而不可得，得侍同朝，甚喜；今又棄寡人而歸，不識可以繼此而得見乎？」

對曰：「不敢請耳，固所願也。」他日，王謂時子曰：「我欲中國而授孟子室，養弟子以萬鍾，使諸大夫國人皆有所矜

致為臣而歸 指孟子辭去齊宣王的客卿而歸故鄉。致，歸還的意思。

就見 即孟子之屈而見之。

時子 齊王的臣子。

中國 在國都中，指臨淄城。

萬鍾 鐘，古代量器。齊國量器有豆、區、釜、鍾四種。每豆四升，每區四斗，每釜四區，每鍾十釜。萬鍾為六萬四千石。

矜式 敬重，效法。

式。子盍為我言之！」
時子因陳子而以告孟子。陳子以時子之言告孟子，孟子曰：「然，夫時子惡知其不可也？如使予欲富，辭十萬而受萬，是為欲富乎？季孫曰：『異哉，子叔疑！使己為政，不用，則亦已矣，又使其子弟為卿。人亦孰不欲富貴？而獨於

陳子 孟子的弟子陳臻。

季孫 趙歧注為孟子的弟子，朱熹則認為「不知何時人」。

子叔疑 人名，與季孫一樣不可考。

富貴之中，有私龍斷焉。』古之為市也，以其所有，易其所無者，有司者治之耳。有賤丈夫焉，必求龍斷而登之，以左右望，而罔市利。人皆以為賤，故從而征之。征商，自此賤丈夫始矣。」

龍斷 即「壟斷」。原指高而不相連屬的土墩子，後引申為把持、獨占。

治之 治其爭訟。

賤 卑賤。

丈夫 對成年男子的通稱。

左右望 這個那個都想要。

罔 同「網」。網羅而取之。

11 孟子去齊，宿於晝。有欲為王留行者，坐而言；不應，隱几而臥。

客不悅曰：「弟子齊宿而後敢言，夫子臥而不聽，請勿復敢見矣。」

曰：「坐！我明語子。昔者魯繆公無人乎子思之側，則不能安子思；泄柳、申詳無人乎繆

去 離開。

晝 齊國邑名，在今山東臨淄附近。

隱几 倚靠在几案上。

齊宿 齋戒越宿。齊同「齋」，齋戒。古人在有重大事情前，沐浴更衣，不飲酒，不吃葷，以示誠敬，稱齋戒。

子思 名孔伋，孔子之孫。魯繆公尊敬子思，常派人在子思身邊伺候致意，使子思安心。

泄柳、申詳 同為魯繆公時賢人。泄柳亦稱子柳；申詳，孔子弟子子張之子。

公之側，則不能安其身。子為長者慮，而不及子思；子絕長者乎？長者絕子乎？」

12
孟子去齊。尹士語人曰：「不識王之不可以為湯武，則是不明也；識其不可，然且至，則是干澤也。千里而見王，不遇故去，三宿而後出晝，是何濡滯也？士則茲不悅。」

高子以告。

曰：「夫尹士惡知予哉？千里而見王，是予所欲也；不遇

尹士 齊人。
干澤 猶干祿，謀求利祿。
不遇 不得志；不被賞識。
濡滯 停留，遲滯。
士 尹士自稱。

故去，豈予所欲哉？予不得已也。予三宿而出晝，於予心猶以為速，王庶幾改之！王如改諸，則必反予。夫出晝而王不予追也，予然後浩然有歸志。予雖然，豈舍王哉！王由足用為善；王如用予，則豈徒齊民安，天下之民舉安。王庶幾改之！予日望之！予豈若是小丈

庶幾 或許可以。

浩然 形容正大剛直。

足用 足以。

夫然哉？諫於其君而不受，則怒，悻悻然見於其面，去則窮日之力而後宿哉？」

尹士聞之，曰：「士誠小人也。」

悻悻然 怨恨惱怒的樣子。

窮 盡。

13 孟子去齊，充虞路問曰：「夫子若有不豫色然。前日虞聞諸夫子曰：『君子不怨天，不尤人。』」

曰：「彼一時，此一時也。五百年必有王者興，其間必有名世者。由周而來，七百有餘歲矣，以其數，則過矣；以其時考之，則可矣。夫天未欲平

不豫　不悅。

尤　怨咎。

數　謂五百年之期。

時　時勢。

治天下也；如欲平治天下，當今之世，舍我其誰也？吾何為不豫哉？」

14 孟子去齊，居休。公孫丑問曰：「仕而不受祿，古之道乎？」

曰：「非也；於崇，吾得見王，退而有去志，不欲變，故不受也。繼而有師命，不可以請。久於齊，非我志也。」

休 地名。
崇 亦地名。
變 謂變其去志。
師命 師旅之命也。

滕文公 上

1 滕文公為世子，將之楚，過宋而見孟子。孟子道性善，言必稱堯舜。世子自楚反，復見孟子。

孟子曰：「世子疑吾言乎？夫道，一而已矣。成覸謂齊景公曰：『彼，丈夫也；我，丈夫也，吾何畏彼哉？』顏淵曰：『舜何人也？予何人也？有為

滕文公 戰國中期滕國國君，滕定公之子。曾以太子身份出使楚國，途經宋國時，兩次拜見孟子，向他請教治理國家的辦法。

世子 即太子。

成覸 齊國勇士。

者亦若是。』公明儀曰：『文王我師也，周公豈欺我哉？』「今滕絕長補短，將五十里也，猶可以為善國。《書》曰：『若藥不瞑眩，厥疾不瘳。』」

公明儀 複姓公明，名儀，魯國賢人，曾子學生。

絕 截也。

善國 美善之國。

瞑眩 眼睛昏花看不清楚。

瘳 病癒。

2 滕定公薨。世子謂然友曰：「昔者孟子嘗與我言於宋，於心終不忘。今也不幸至於大故，吾欲使子問於孟子，然後行事。」然友之鄒問於孟子。孟子曰：「不亦善乎！親喪，固所自盡也。曾子曰：『生，事之以禮；死，葬之以禮，祭之以禮，可謂孝矣。』諸侯

滕定公 滕文公的父親。
薨 古代稱侯王死叫「薨」。
然友 人名，太子的老師。
大故 謂父母之喪。
之 至，到。
自盡 盡自己最大的心力。
曾子曰 這幾句話在〈論語・為政〉中是孔子對樊遲說的。

之禮，吾未之學也；雖然，吾嘗聞之矣。三年之喪，齊疏之服，飦粥之食，自天子達於庶人，三代共之。」然友反命，定為三年之喪。父兄百官皆不欲，曰：「吾宗國魯先君莫之行，吾先君亦莫之行也，至於子之身而反之，不可。且志曰：『喪祭從先祖。』」

三年之喪　指子女為父母、臣下為君主守孝三年。

齊疏之服　用粗布做的縫邊的喪服。

飦粥　這裡指稀粥。飦，糜也。粥，濁於糜。

宗國　魯、滕諸國的始封祖都是周文王的兒子，而周公封魯，於行輩較長，所以其餘姬姓諸國都以魯為宗國。

志　古時傳記之書。

曰：「吾有所受之也。」謂然友曰：「吾他日未嘗學問，好馳馬試劍。今也父兄百官不我足也，恐其不能盡於大事，子為我問孟子。」然友復之鄒問孟子。孟子曰：「然。不可以他求者也。孔子曰：『君薨，聽於冢宰。歠粥，面深墨。即位而哭，百官有司，莫敢不

不我足　不滿意我。

冢宰　官名，六卿之長，在君王居喪期間代理朝政。

歠　飲。

面深墨　臉色深黑。

即位　就喪位。

哀，先之也。』上有好者，下必有甚焉者矣。『君子之德，風也；小人之德，草也。草尚之風必偃。』是在世子。」然友反命。

世子曰：「然。是誠在我。」五月居廬，未有命戒。百官族人可謂曰知。及至葬，四方來觀之，顏色之戚，哭泣之哀，

先之 先於父兄百官而哀。

君子之德……必偃 出自〈論語．顏淵〉孔子的話。「尚」與「上」同。偃，倒下。

反命 覆命。

五月居廬 居住在喪廬中五個月。

弔者大悦。

ㄉㄧㄠˋ ㄓㄜˇ ㄉㄚˋ ㄩㄝˋ

悦
悦服。

3 滕文公問為國。

孟子曰：「民事不可緩也。《詩》云：『晝爾于茅，宵爾索綯；亟其乘屋，其始播百穀。』民之為道也，有恆產者有恆心，無恆產者無恆心；苟無恆心，放辟邪侈，無不為已。及陷乎罪，然後從而刑之，是罔民也。焉有仁人在

滕文公問為國 滕文公以禮聘孟子，幫助自己治理國家。

民事 農事。

《詩》 指〈詩・豳風・七月〉。

于 取。

索綯 用繩索絞。

亟 急。

乘屋 爬上屋頂修房子。

罔民 即懲治人民。罔同「網」。

位，罔民而可為也？是故賢君必恭儉禮下，取於民有制。陽虎曰：『為富，不仁矣，為仁，不富矣。』

「夏后氏五十而貢，殷人七十而助，周人百畝而徹，其實皆什一也。徹者，徹也。助者，藉也。龍子曰：『治地莫善於助，莫不善於貢。』貢者，

陽虎 即陽貨，春秋魯季氏家臣。

貢 實物地租，稅率為「什一」，即在收穫量中抽取十分之一。夏后氏的貢，大約起源於氏族社會部落成員向氏族首領的獻禮。

助 勞動地租。

徹 是周人採行的雙軌制，即在國中採用「貢法」，在野外則用「助法」。周代「國」是城邑，郊以外的廣大地區則屬於「野」，是廣大庶人所住，即「氓」，這些人被稱作「野人」。

龍子 古賢人。

校數歲之中以為常；樂歲粒米狼戾，多取之而不為虐，則寡取之；凶年糞其田而不足，則必取盈焉。為民父母，使民盻盻然，將終歲勤動，不得以養其父母，又稱貸而益之，使老稚轉乎溝壑；惡在其為民父母也？夫世祿，滕固行之矣。《詩》云：『雨我公田，遂及

校 比較。
粒米狼戾 米粒多而散亂，一片狼藉。
糞其田 清掃田中粒米。
盻盻然 恨視貌。
勤動 勤苦勞動。
《詩》〈小雅．大田〉。

我私。』惟助為有公田。由此觀之，雖周亦助也。

「設為庠序學校以教之：庠者，養也；校者，教也；序者，射也。夏曰校，殷曰序，周曰庠，學則三代共之；皆所以明人倫也。人倫明於上，小民親於下。有王者起，必來取法，是為王者師也。

庠序學校 是古代地方所設的學校，周代叫「庠」，殷代叫「序」，後世的學校通稱「庠序」，是培育人才、研究學術的機構。

「《詩》云：『周雖舊邦，其命維新。』文王之謂也。子力行之，亦以新子之國。」使畢戰問井地。

孟子曰：「子之君將行仁政，選擇而使子，子必勉之！夫仁政，必自經界始。經界不正，井地不均，穀祿不平。是故暴君汙吏必慢其經界。經界既

《詩》〈大雅．文王〉。

畢戰 滕國的臣子。

井地 即井田。以方九百畝的地為一個單位，劃成九區，其中為公田，八家均私田百畝，同養公田。因形如井字，故名。

經界 土地、疆域的分界。

慢 輕忽，廢弛。

正，分田制祿可坐而定也。夫滕，壤地褊小；將為君子焉，將為野人焉。無君子莫治野人，無野人莫養君子。請野九一而助，國中什一使自賦。卿以下必有圭田，圭田五十畝。餘夫二十五畝。死徙無出鄉，鄉田同井。出入相友，守望相助，疾病相扶持，則百姓

褊小 狹小。

圭田 古代卿、大夫、士供祭祀用的田地。

餘夫 年滿十六歲還未獨立門戶的子弟。

鄉田同井 同鄉之田，共井之家。

友 伴。

親睦。方里而井，井九百畝，其中為公田。八家皆私百畝，同養公田。公事畢，然後敢治私事，所以別野人也。此其大略也。若夫潤澤之，則在君與子矣。」

別　分別。

4 有為神農之言者許行，自楚之滕，踵門而告文公曰：「遠方之人聞君行仁政，願受一廛而為氓。」文公與之處，其徒數十人，皆衣褐，捆屨織蓆以為食。

陳良之徒陳相與其弟辛，負耒耜而自宋之滕，曰：「聞君行聖人之政，是亦聖人也，願為

為 治理。

神農之言 神農氏的學說。神農是上古傳說中的人物，常與伏羲氏、燧人氏被稱為「三皇」。神農氏主要的功績是教人從事農業生產，春秋戰國時期諸子百家多託古聖賢之名而標榜自己的學說。「農家」就假託為「神農之言」。

許行 農家代表人物之一，生平不詳。

踵 至。廛 民宅。

氓 民也。捆 編織。

陳良 楚國的儒士。

陳相、陳辛 都是陳良的學生。

聖人氓。」陳相見許行而大悅，盡棄其學而學焉。陳相見孟子，道許行之言曰：「滕君，則誠賢君也；雖然，未聞道也。賢者與民並耕而食，饔飧而治。今也滕有倉廩府庫，則是厲民而以自養也，惡得賢？」孟子曰：「許子必種粟而後食

耒耜　農具名。古代以木為之，戰國時各改為鐵頭。

饔飧　熟食也。饔，早餐。飧，晚餐。

厲　病也。

乎？」曰：「然。」「許子必織布而後衣乎？」曰：「否。許子衣褐。」「許子冠乎？」曰：「冠。」曰：「奚冠？」曰：「冠素。」曰：「自織之與？」曰：「否。以粟易之。」曰：「許子奚為不自織？」曰：「害於耕。」曰：「許子以釜甑爨，以鐵耕乎？」曰：

害 妨害。

釜甑 炊具。釜，金屬製的鍋。甑，用瓦做的茶飯器。

爨 燒火做飯。

「然。」「自為之與？」曰：

「否。以粟易之。」

「以粟易械器者，不為厲陶冶；陶冶亦以其械器易粟者，豈為厲農夫哉？且許子何不為陶冶，舍皆取諸其宮中而用之？何為紛紛然與百工交易？何許子之不憚煩？」曰：「百工之事，固不可耕且為也。」

厲 殘害。

陶冶 燒窯與打鐵之人。

舍 同「啥」，是「什麼」的切音。

宮中 家中。古代住宅無論貴賤都可以叫「宮」，秦漢以後專指帝王所居為宮。

「然則治天下獨可耕且為與？有大人之事，有小人之事。且一人之身，而百工之所為備。如必自為而後用之，是率天下而路也。故曰：或勞心，或勞力。勞心者治人，勞力者治於人；治於人者食人，治人者食於人：天下之通義也。

「當堯之時，天下猶未平，洪

大人之事 指人君行教化之事。

小人之事 指農、工、商。

路 奔走於途，無時休息。

治於人 見治於人。

食於人 見食於人。

水橫流，氾濫於天下。草木暢茂，禽獸繁殖，五穀不登，禽獸偪人。獸蹄鳥跡之道，交於中國。堯獨憂之，舉舜而敷治焉。舜使益掌火，益烈山澤而焚之，禽獸逃匿。禹疏九河，瀹濟漯而注諸海；決汝漢，排淮泗，而注之江，然後中國可得而食也。當是時也，禹八年

偪 侵迫。

敷治 治理。

使益掌火 命舜臣伯益主火，以驅禽獸。

烈 熾。

瀹 疏導。

濟漯 濟水和漯水。

決 除去水中壅塞。

排 亦「決」也。

於外，三過其門而不入；雖欲耕，得乎？

「后稷教民稼穡。樹藝五穀，五穀熟，而民人育。人之有道也，飽食、煖衣、逸居而無教，則近於禽獸。聖人有憂之，使契為司徒，教以人倫：父子有親，君臣有義，夫婦有別，長幼有序，朋友有信。放勳曰：

后稷 相傳為周的始祖，名棄，堯帝時為農師。

樹藝 種植。

人之有道 即人之為道。

契 人名，相傳是殷的祖先，姓子，堯帝時任司徒。

放勳 堯的稱號，放是大，勳是功勞，原本是史官的讚譽之辭，後來成為堯的稱號。

『勞之來之，匡之直之，輔之翼之，使自得之，又從而振德之。』聖人之憂民如此，而暇耕乎？

「堯以不得舜為己憂，舜以不得禹、皋陶為己憂。夫以百畝之不易為己憂者，農夫也。分人以財謂之惠，教人以善謂之忠，為天下得人者謂之仁。是

勞之來之 勸勉，慰勞。

振德之 德，惠。之，指百姓。提撕警覺以加惠於百姓。

皋陶 人名，相傳為虞舜時的司法官。

易 治。

故以天下與人易，為天下得人難。孔子曰：『大哉，堯之為君！惟天為大，惟堯則之；蕩蕩乎民無能名焉！君哉，舜也！巍巍乎有天下而不與焉！』堯舜之治天下，豈無所用其心哉？亦不用於耕耳。

「吾聞用夏變夷者，未聞變於夷者也。陳良，楚產也。悅周

蕩蕩　廣大無私貌。

用夏變夷　以諸夏文化影響中原地區以外的其他民族。夏，諸夏，古代中原地區周王朝所分封的各諸侯國，後泛指中國。夷，指中原地區以外的各族。

產　生也。

公、仲尼之道，北學於中國。北方之學者，未能或之先也。彼所謂豪傑之士也。子之兄弟事之數十年，師死而遂倍之。昔者孔子沒，三年之外，門人治任將歸，入揖於子貢，相嚮而哭，皆失聲，然後歸。子貢反，築室於場，獨居三年，然後歸。他日，子夏、子張、

倍　同「背」，違背也。

治任　準備行李。

子貢　衛人。姓端木，名賜。

場　塚上之壇場。

子游以有若似聖人，欲以所事孔子事之，彊曾子。曾子曰：『不可。江漢以濯之，秋陽以暴之，皜皜乎不可尚已。』今也南蠻鴃舌之人，非先王之道，子倍子之師而學之，亦異於曾子矣。吾聞出於幽谷，遷于喬木者；未聞下喬木，而入於幽谷者。〈魯頌〉曰：『戎

彊 勉強。

秋陽以暴 秋陽，周曆七八月相當於夏曆五六月，此處所說的秋陽相當於今天的夏陽。暴，同「曝」，曬。

皜皜 光明潔白的樣子。

南蠻鴃舌 譏人說著難懂的南方方言。鴃，伯勞鳥。

幽谷 深谷。比喻低下。

喬木 喻高上。

〈魯頌〉 〈閟宮〉之篇也。

狄是膺，荊舒是懲。』周公方且膺之，子是之學，亦為不善變矣！」

「從許子之道，則市賈不貳，國中無偽，雖使五尺之童適市，莫之或欺。布帛長短同，則賈相若；麻縷絲絮輕重同，則賈相若；五穀多寡同，則賈相若；屨大小同，則賈相若。」

戎狄是膺，荊舒是懲 引自〈詩經．魯頌．閟宮〉。膺，擊退。懲，抵禦。戎狄是北方的異族；荊、舒是南方的異族。

子是之學 子以其學為是。之猶「其」。

賈 賈通「價」。

五尺之童 意指幼小無知。古代尺寸短，五尺相當於現在三尺多一點。

曰：「夫物之不齊，物之情也；或相倍蓰，或相什百，或相千萬；子比而同之，是亂天下也！巨屨小屨同賈，人豈為之哉？從許子之道，相率而為偽者也，惡能治國家？」

倍蓰 倍，一倍；蓰，五倍。

巨屨小屨 粗糙的草鞋與精緻的草鞋。

5 墨者夷之，因徐辟而求見孟子。孟子曰：「吾固願見，今吾尚病。病愈，我且往見，夷子不來。」

他日，又求見孟子。孟子曰：「吾今則可以見矣。不直，則道不見；我且直之。吾聞夷子墨者，墨之治喪也，以薄為其道也。夷子思以易天下，

墨者 墨家的門徒和學者。

徐辟 孟子弟子。

夷子不來 焦循《正義》將此句作為敘述句；朱子《集注》認為此句是孟子所說的話。

不直 不直言相告也。

薄 節葬。

思以易天下 想要用這個要求來改變天下的習俗。

豈以為非是而不貴也？然而夷子葬其親厚，則是以所賤事親也。」

徐子以告夷子，夷子曰：「儒者之道，古之人『若保赤子』，此言何謂也？之則以為愛無差等，施由親始。」

徐子以告孟子。孟子曰：「夫夷子信以為人之親其兄之子，

若保赤子 見於〈尚書・康誥〉。

為若親其鄰之赤子乎？彼有取爾也。赤子匍匐將入井，非赤子之罪也。且天之生物也，使之一本，而夷子二本故也。蓋上世嘗有不葬其親者。其親死，則舉而委之於壑。他日過之，狐狸食之，蠅蚋姑嘬之。其顙有泚，睨而不視。夫泚也，非為人泚，中心達於面

一本　每個生物都只從一個根而生出。

上世　上古之世。

蠅蚋姑嘬　蠅，蒼蠅之類。蚋，蚊子之類。姑，螻蛄之類。嘬，啃咬。

顙　額頭。

泚　汗水。

睨　斜著眼看，不忍正眼看。

目。蓋歸反虆梩而掩之。掩之誠是也，則孝子仁人之掩其親，亦必有道矣。」徐子以告夷子，夷子憮然為間曰：「命之矣。」

歸反 回家取工具又返回。

虆梩 裝土和鏟土的工具。

憮然 失意的樣子。

命之 接受教誨。

滕文公 下

1 陳代曰：「不見諸侯，宜若小然。今一見之，大則以王，小則以霸。且志曰：『枉尺而直尋。』宜若可為也。」孟子曰：「昔齊景公田，招虞人以旌，不至，將殺之。『志士不忘在溝壑，勇士不忘喪其元。』孔子奚取焉？取非其招不往也。如不待其招而往，何

陳代 孟子弟子。

枉尺而直尋 枉，屈也；直，伸也。八尺曰尋，所屈者小，所伸者大也。後因以「枉尺直尋」比喻小有所損，而大有所獲。

虞人 守苑囿的吏。古代君子召喚臣下，按規定要有相當的物件作標誌，如齊景公召管園囿的小吏應以打獵的皮冠，他不遵守規定，小吏就不應召。

元 首也。

奚 何。

非其招 非禮之招致。

哉？且夫枉尺而直尋者，以利言也。如以利，則枉尋直尺而利，亦可為與？昔者趙簡子使王良與嬖奚乘，終日而不獲一禽。嬖奚反命曰：『天下之賤工也。』或以告王良。良曰：『請復之。』彊而後可。一朝而獲十禽。嬖奚反命曰：『天下之良工也。』簡子曰：『我

趙簡子 晉國大夫，名趙鞅。

王良 春秋末年著名的駕車能手。

與嬖奚乘 為嬖奚御也。嬖奚，簡子幸臣名嬖奚。乘，駕車。

反命 返告簡子。

工 凡執技藝者皆稱工，此謂御者。

彊 勉強。

一朝 自晨至食時也。

使掌與女乘。』謂王良；良不可，曰：『吾為之範我馳驅，終日不獲一；為之詭遇，一朝而獲十。《詩》云：「不失其馳，舍矢如破。」我不貫與小人乘，請辭。』御者且羞與射者比；比而得禽獸，雖若丘陵，弗為也。如枉道而從彼，何也？且子過矣：枉己者，未

掌 專主。

範使……合乎規範。

詭遇 橫而射之曰詭遇。

《詩》見〈小雅·車攻〉。

舍矢如破 一放箭就能破的。

貫 習。

有能直人者也。」

2 景春曰：「公孫衍、張儀，豈不誠大丈夫哉？一怒而諸侯懼，安居而天下熄。」

孟子曰：「是焉得為大丈夫乎？子未學禮乎？丈夫之冠也，父命之；女子之嫁也，母命之，往送之門，戒之曰：『往之女家，必敬必戒，無違夫子！』以順為正者，妾婦之

景春 戰國時縱橫家。

公孫衍 魏國人，號犀首，當時著名的說客。

張儀 戰國時縱橫家的代表人物，主張連橫，為秦擴張勢力。

熄 指戰火熄滅。

冠 古時男子年二十行加冠禮，表示成年。

父命之 命，教也。父命與母命對文，母命以順為正，父命即不移不屈之事。

夫子 指丈夫。

道也。居天下之廣居，立天下之正位，行天下之大道；得志，與民由之；不得志，獨行其道；富貴不能淫，貧賤不能移，威武不能屈；此之謂大丈夫！」

3 周霄問曰：「古之君子仕乎？」

孟子曰：「仕。傳曰：『孔子三月無君，則皇皇如也。出疆必載質。』公明儀曰：『古之人，三月無君則弔。』」

「三月無君則弔，不以急乎？」

曰：「士之失位也，猶諸侯之失國家也。《禮》曰：『諸侯耕助，以供粢盛；夫人

周霄　戰國時魏人。

傳　古書。公明儀　魯國賢人。

三月無君　是說失用失見於君三個月。

皇皇　通「惶」。形容心境不定。

疆　境之界也。

質　君子之質，即道。

三月無君則弔　古代的賢人君子，三個月失用於君主，就該去安慰他。

耕助　即「耕藉」。藉，藉田，帝王親耕之田。古代每到開春，都有耕藉之禮，以示重視農業。其禮先由天子親耕，然後三公九卿諸侯大夫等依次躬耕。

蠶繅，以為衣服。犧牲不成，粢盛不潔，衣服不備，不敢以祭。惟士無田，則亦不祭。』牲殺、器皿、衣服不備，不敢以祭，則不敢以宴，亦不足弔乎？」

「出疆必載質，何也？」曰：「士之仕也，猶農夫之耕也；農夫豈為出疆舍其耒耜哉？」

粢盛　古代盛在祭器內以供祭祀的穀物。

夫人　諸侯的妻子。

蠶繅　養蠶繅絲。

衣服　祭服。

不成　指牲畜不肥壯。

牲殺　祭祀時所殺的三牲。

曰：「晉國，亦仕國也，未嘗聞仕如此其急。仕如此其急也，君子之難仕，何也？」

曰：「丈夫生而願為之有室，女子生而願為之有家；父母之心，人皆有之。不待父母之命、媒妁之言，鑽穴隙相窺，踰牆相從，則父母國人皆賤之。古之人未嘗不欲仕也，

難仕　難於出仕。

室、家　夫謂婦曰室，婦謂夫曰家。

鑽穴隙　在壁上挖出孔穴。

又惡不由其道；不由其道而往者，與鑽穴隙之類也。」

與通「舉」。皆也。

4 彭更問曰：「後車數十乘，從者數百人，以傳食於諸侯，不以泰乎？」孟子曰：「非其道，則一簞食不可受於人。如其道，則舜受堯之天下，不以為泰；子以為泰乎？」曰：「否。士無事而食，不可也。」曰：「子不通功易事，以羨補不足，則農有餘粟，女有

彭更 人名，孟子的學生。

傳食 指住在諸侯的驛舍裡接受飲食。傳，客館。

泰 同「太」，過分。

事 事功。

通功易事 交流成果，交換物資。

羨 餘，多餘。

梓匠 梓人、匠人，皆木工。

餘布。子如通之，則梓匠輪輿，皆得食於子。於此有人焉，入則孝，出則悌，守先王之道，以待後之學者，而不得食於子；子何尊梓匠輪輿，而輕為仁義者哉？」曰：「梓匠輪輿，其志將以求食也。君子之為道也，其志亦將以求食與？」

輪輿 輪人、輿人，指製造車輪和車箱的工人。

入 居家。

志 心願。

求食 掙口飯吃。

曰：「子何以其志為哉！其有功於子，可食而食之矣。且子食志乎？食功乎？」曰：「食志。」

曰：「有人於此，毀瓦畫墁，其志將以求食也，則子食之乎？」曰：「否。」

曰：「然則子非食志也，食功也。」

毀瓦畫墁 打碎屋瓦，劃破車篷頂蓋。比喻一種無益不害的行為。

食功 為了他的功勞而給他飯吃。

5 萬章問曰：「宋，小國也。今將行王政，齊楚惡而伐之，則如之何？」

孟子曰：「湯居亳，與葛為鄰，葛伯放而不祀，湯使人問之曰：『何為不祀？』曰：『無以供犧牲也。』湯使遺之牛羊。葛伯食之，又不以祀。湯又使人問之曰：『何為

萬章 孟子弟子。

亳 湯都，在今河南商丘縣東南。

葛 夏諸侯，嬴姓之國。

放而不祀 放縱無道，不祀祖先。

犧牲 祭祀所用的牲畜。

遺 與。

不祀？』曰：『無以供粢盛也。』湯使亳眾往為之耕，老弱饋食。葛伯率其民，要其有酒食黍稻者，奪之；不授者，殺之。有童子以黍肉餉，殺而奪之。《書》曰：『葛伯仇餉。』此之謂也。為其殺是童子而征之，四海之內，皆曰：『非富天下也，為匹夫匹婦復

粢盛　古代盛在祭器內以供祭祀的穀物。

要　攔住。

餉　送食物給人吃。

《書》　見〈偽古文尚書．商書．仲虺之誥〉。

讎也。』

「湯始征，自葛載，十一征而無敵於天下。東面而征，西夷怨；南面而征，北狄怨，曰：『奚為後我？』民之望之，若大旱之望雨也。歸市者弗止，芸者不變；誅其君，弔其民，如時雨降，民大悅。《書》曰：『徯我后，后來其無罰！』『有

匹夫匹婦 庶民。
載 通「才」，始也。
歸市者 到市場做買賣的人。
芸者 除草的人。
徯我后 等待我們的君王。
徯，等待。后，君王。
其無罰 講無有不法之殺罰。

攸，東征，綏厥士女，篚厥玄黃，紹我周王見休，惟臣附于大邑周。』其君子實玄黃于匪，以迎其君子；其小人簞食壺漿，以迎其小人；救民於水火之中，取其殘而已矣。〈太誓〉曰：『我武惟揚，侵于之疆，則取于殘，殺伐用張，于湯有光。』不行王政云

攸所。

不惟臣 凡是遇到武王伐紂經過的時候，那些人沒有不奉武王為君主的。

綏厥士女 綏，安；厥，其；意指來安撫那些士女。士女，治下的男女。

篚厥玄黃 士女以篚盛玄黃之幣帛。篚，竹器。玄黃，指各色幣帛。

紹 繼續。**見休** 受其蔭庇。

取其殘 殺掉殘害人民的暴君。

〈太誓〉 〈書經．太誓〉。

我武惟揚 形容威武凌厲，奮發向上的樣子。我，武王自謂。

爾。苟行王政，四海之內，皆舉首而望之，欲以為君；齊楚雖大，何畏焉？」

之疆　紂之疆。

于湯有光　比商湯討伐夏桀更為輝煌。

6 孟子謂戴不勝曰：「子欲子之王之善與？我明告子：有楚大夫於此，欲其子之齊語也，則使齊人傅諸？使楚人傅諸？」

曰：「使齊人傅之。」

曰：「一齊人傅之，眾楚人咻之，雖日撻而求其齊也，不可得矣；引而置之莊、嶽之間數年，雖日撻而求其楚，亦不可

戴不勝　宋臣。

傅　教。

咻　喧擾。

莊、嶽　齊國的街名和里名。

得矣。

「子謂薛居州，善士也，使之居於王所。在於王所者，長幼卑尊，皆薛居州也，王誰與為不善？在王所者，長幼卑尊，皆非薛居州也，王誰與為善？一薛居州，獨如宋王何？」

薛居州 宋臣。

善士 好人。

居於王所 處於王之左右。

王誰與為不善 「王與誰為不善」的倒裝句，「王和誰去做壞事」之意。

7 公孫丑問曰：「不見諸侯，何義？」

孟子曰：「古者不為臣不見。段干木踰垣而辟之，泄柳閉門而不內，是皆已甚；迫，斯可以見矣。陽貨欲見孔子，而惡無禮。大夫有賜於士，不得受於其家，則往拜其門。陽貨瞯孔子之亡也，而饋孔子蒸豚；

不為臣不見 不在這一國做官，就不見這一國的國君。

段干木 複姓段干，名木，戰國初期晉人，因不屑與奔走於豪門的遊士和食客為伍，屢次跳過牆頭躲避來訪的魏文侯。

泄柳 魯國賢人。魯穆公來訪，他關起大門拒絕接待。

內 同「納」。

迫 指國君迫切求見。

惡無禮 怕別人說他沒有禮貌。

瞯 視，窺看。

亡 不在。**蒸豚** 蒸熟的豬肉。

孔子亦瞯其亡也，而往拜之。當是時，陽貨先，豈得不見？「曾子曰：『脅肩諂笑，病於夏畦。』子路曰：『未同而言，觀其色赧赧然，非由之所知也。』由是觀之，則君子之所養，可知已矣。」

脅肩諂笑 脅肩，聳起肩頭，故作恭敬的樣子。脅肩諂笑形容逢迎諂媚的醜態。

病於夏畦 畦，本指菜地間劃分的行列，此指種田。病於夏畦形容聽脅肩諂笑的人說話，比酷熱的夏天在田間勞作還要疲憊。

未同而言 志趣與人不合，還要巴結說話。

由 「非由之所知」的「由」是仲由，即子路。

8 戴盈之曰：「什一，去關市之征，今茲未能。請輕之，以待來年然後已，何如？」孟子曰：「今有人日攘其鄰之雞者，或告之曰：『是非君子之道。』曰：『請損之，月攘一雞，以待來年然後已。』如知其非義，斯速已矣，何待來年？」

戴盈之 宋國大夫。

什一 古代田賦法，徵收農產品的十分之一。

關市之徵 市場上徵收的商業稅。關市，位於交通要道的集市。

今茲 今年。

輕之 使田賦和關市之徵減輕些。

攘 扣留，有偷的意思。

請損之 此指請允許我減少偷雞的次數。

非義 不合理。

斯速已矣 就馬上停止。

9 公都子曰：「外人皆稱夫子好辯，敢問何也？」

孟子曰：「予豈好辯哉？予不得已也。天下之生久矣，一治一亂。

「當堯之時，水逆行，氾濫於中國，蛇龍居之。民無所定，下者為巢，上者為營窟。《書》曰：『洚水警余。』洚水者，

公都子 孟子的弟子。

一治一亂 治亂交替。

蛇龍居之 水生蛇龍，水盛則蛇龍居民之地也。意指人與蛇龍雜處。

下者為巢 處地勢低下者，架巢住在樹上。

營窟 上古時掘地或累土而成的住所。一說是相連的洞穴。

洚水警余 洚，河流不遵河道。警，警戒。余，我。「洚水警余」出自偽〈古文尚書．虞書．大禹謨〉。

洪水也。使禹治之。禹掘地而注之海，驅蛇龍而放之菹。水由地中行，江、淮、河、漢是也。險阻既遠，鳥獸之害人者消，然後人得平土而居之。

「堯舜既沒，聖人之道衰，暴君代作，壞宮室以為汙池，民無所安息；棄田以為園囿，使民不得衣食。邪說暴行又作；

菹 多水草的沼澤地。

地中 低於平地的河道。

代作 代有所出，指頻繁出現。

宮室 此指民居。

汙池 深池。

園囿 種草木養鳥獸的皇家花園。

園囿、汙池、沛澤多而禽獸至。及紂之身，天下又大亂。周公相武王誅紂，伐奄，三年討其君，驅飛廉於海隅而戮之；滅國者五十；驅虎豹犀象而遠之：天下大悅。《書》曰：『丕顯哉，文王謨！丕承哉，武王烈！佑啟我後人，咸以正無缺。』

沛澤 水草茂密的低窪地。

奄 東方之國，助紂為虐，被周公誅滅。

飛廉 商紂王的佞臣。

滅國者五十 消滅與紂共為亂政者五十國，其中包括奄國。

丕顯 偉大英明。**謨** 謀略。

丕承 舊謂帝王承天受命，常曰「丕承」。

烈 功業。

佑啟 佑助啟發。

以正無缺 指啟發成王和康王，使他們走上正道，了無虧缺。

「世衰道微，邪說暴行有作。臣弒其君者有之，子弒其父者有之。孔子懼，作《春秋》。《春秋》，天子之事也；是故孔子曰：『知我者，其惟《春秋》乎！罪我者，其惟《春秋》乎！』

「聖王不作，諸侯放恣，處士橫議，楊朱、墨翟之言盈天

《春秋》 記載春秋史事的編年體史書，一般認為此書經孔子編修，書中用辭含有褒貶之意，號為「春秋筆法」。

處士 沒有出仕的讀書人。

橫議 放肆談論。

楊朱 魏國人，戰國初年思想家。相傳他反對儒、墨，主張貴生、重己，沒有著作傳世。

墨翟 春秋末年思想家，墨家學說的創始人，該學派有《墨子》一書傳世。

下；天下之言，不歸楊則歸墨。楊氏為我，是無君也；墨氏兼愛，是無父也；無父無君，是禽獸也。公明儀曰：『庖有肥肉，廄有肥馬；民有飢色，野有餓莩。此率獸而食人也！』楊墨之道不息，孔子之道不著，是邪說誣民，充塞仁義也。仁義充塞，則率獸食

楊氏為我　楊朱哲學主要論點之一，是極端主義者。

墨氏兼愛　墨家學派主要論點之一，即沒有差別的愛。

充塞　阻塞。

人，人將相食。吾為此懼；閑先聖之道，距楊墨，放淫辭，邪說者不得作。作於其心，害於其事；作於其事，害於其政。聖人復起，不易吾言矣。

「昔者禹抑洪水而天下平；周公兼夷狄、驅猛獸，而百姓寧；孔子成《春秋》而亂臣賊子懼。《詩》云：『戎狄是膺，

閑　捍衛。

距　通「拒」。排抵。

放　摒棄。

荊舒是懲，則莫我敢承。』無父無君，是周公所膺也。我亦欲正人心，息邪說，距詖行，放淫辭，以承三聖者。豈好辯哉？予不得已也！能言距楊墨者，聖人之徒也。」

《詩》 見〈魯頌．閟宮〉。

膺 打擊。

詖行 偏邪不正當的行為。

三聖 即禹、周公、孔子。

10 匡章曰：「陳仲子，豈不誠廉士哉！居於陵，三日不食，耳無聞，目無見也。井上有李，螬食實者過半矣，匍匐往，將食之，三咽，然後耳有聞，目有見。」孟子曰：「於齊國之士，吾必以仲子為巨擘焉。雖然，仲子惡能廉？充仲子之操，則蚓而後可者也。夫蚓，

匡章 戰國時齊人。

陳仲子 又稱田仲、陳仲、於陵仲子，戰國時齊國隱士。

廉 清廉，廉潔。此指不苟求於人，自食其力。

於陵 地名，在今山東省長山縣南。

耳無聞、目無見 耳朵聽不見、眼睛看不見，飢餓使然。

螬 果實的蠹蟲。將 拿，取。

三咽 吞嚥了幾口。

巨擘 大拇指。比喻傑出的人才。

充 充分做到之意。

蚓 蚯蚓。

上食槁壤，下飲黃泉；仲子所居之室，伯夷之所築與？抑亦盜跖之所築與？所食之粟，伯夷之所樹與？抑亦盜跖之所樹與？是未可知也。」

曰：「是何傷哉？彼身織屨，妻辟纑，以易之也。」

曰：「仲子，齊之世家也。兄戴，蓋祿萬鍾。以兄之祿為不

槁壤 乾土。

盜跖 春秋末年的大盜。

何傷 意即「有什麼關係」。

彼身 那個人自己。

屨 用麻編織的鞋子。

辟纑 績麻後將麻漂洗乾淨。

易 交換。

世家 世世代代做卿大夫的家族。

戴 陳仲子的哥哥名戴，是齊國的卿。

蓋 齊地名，是陳仲子兄戴的封地。

義之祿，而不食也；以兄之室為不義之室，而不居也；辟兄離母，處於於陵。他日歸，則有饋其兄生鵝者。己頻顣曰：『惡用是鶃鶃者為哉！』他日，其母殺是鵝也，與之食之；其兄自外至，曰：『是鶃鶃之肉也！』出而哇之。以母則不食，以妻則食之；以兄之

鍾 古代量制的單位，一鍾是六斛四斗。萬鍾指優厚的俸祿。

生鵝 活鵝。

頻顣 皺著眉不高興的樣子。

鶃鶃 鵝叫聲。

哇 嘔吐。

以母 因為母親（做的）。

室則弗居，以於陵則居之；是尚為能充其類也乎？若仲子者，蚓而後充其操者也。」

充其類　意思是貫徹自己的意志。

離婁上

1 孟子曰：「離婁之明，公輸子之巧，不以規矩，不能成方員；師曠之聰，不以六律，不能正五音；堯、舜之道，不以仁政，不能平治天下。今有仁心仁聞，而民不被其澤，不可法於後世者，不行先王之道也。故曰：徒善不足以為政，徒法不能以自行。《詩》云：

離婁 黃帝時之明目者，相傳能於百步之外見秋毫之末。

公輸子 著名工匠，春秋末年魯國人，故又稱魯班。

規矩 規，圓規。矩，曲尺。分別為圓方之器。

員 同「圓」。

師曠 春秋時晉平公的樂師，名曠，相傳他的辨音能力特別強。

六律 指十二律中的六個陽律。古人用十二根律管制定十二個標準音，分為陰陽兩類，陰律又叫六呂，陽律又叫六律。這裡的六律代指十二律。

『不愆不忘，率由舊章。』遵先王之法而過者，未之有也。聖人既竭目力焉，繼之以規矩準繩；以為方員平直，不可勝用也。既竭耳力焉，繼之以六律，正五音，不可勝用也。既竭心思焉，繼之以不忍人之政；而仁覆天下矣。故曰：為高必因丘陵，為下必因川澤。

五音 古代音樂所定的五個音階：宮、商、角、徵、羽。

《詩》 見〈大雅·假樂〉。

愆 過也。

率 循也。

準繩 用來測量平直的器具。

仁覆天下 指其仁可以遍布天下。

為政不因先王之道，可謂智乎？是以惟仁者，宜在高位，不仁而在高位，是播其惡於眾也。上無道揆也，下無法守也；朝不信道，工不信度；君子犯義，小人犯刑：國之所存者，幸也。故曰：城郭不完，兵甲不多，非國之災也；田野不辟，貨財不聚，非國

道揆　以義理度量事物而制其宜。

朝不信道　在朝之臣，不信義理。

工不信度　百官不守法度。

犯義　犯，觸犯。

城郭不完　城郭殘破，不完全。完，堅固。

之害也；上無禮，下無學，賊民興，喪無日矣。《詩》曰：『天之方蹶，無然泄泄。』泄泄，猶沓沓也。事君無義，進退無禮，言則非先王之道者，猶沓沓也。故曰：責難於君謂之恭，陳善閉邪謂之敬，吾君不能謂之賊。」

賊民　亂民。

《詩》　〈大雅．板〉。

蹶　顛覆。

泄泄　通「呭」，聲音嘈雜。

沓沓　弛緩、懶散的樣子。

陳善閉邪　臣下對君主陳述善法美政，藉以堵塞君主的邪心妄念。

賊　害。

2 孟子曰：「規矩，方員之至也；聖人，人倫之至也。欲為君盡君道，欲為臣盡臣道，二者皆法堯、舜而已矣。不以舜之所以事堯事君，不敬其君者也；不以堯之所以治民治民，賊其民者也。孔子曰：『道二，仁與不仁而已矣。』暴其民甚，則身弒國亡；不甚，則身危國

至　極。

道二　謂做人之道只有二條。

削。名之曰「幽」、「厲」，雖孝子慈孫，百世不能改也。《詩》云：『殷鑑不遠，在夏后之世。』此之謂也。」

幽、厲 指周幽王、周厲王，都是含貶義的諡號。

《詩》 見〈大雅・蕩〉。

殷鑑 鑑，銅鏡。此指殷商的借鑑。

3 孟子曰：「三代之得天下也以仁，其失天下也以不仁。國之所以廢興存亡者亦然。天子不仁，不保四海；諸侯不仁，不保社稷；卿大夫不仁，不保宗廟；士庶人不仁，不保四體。今惡死亡而樂不仁，是猶惡醉而強酒。」

國 諸侯之國。

宗廟 祭祀祖先的宮室。

不保四體 意即將死亡。

猶 好比。

強酒 勉強飲酒。

4 孟子曰：「愛人不親，反其仁；治人不治，反其智；禮人不答，反其敬。行有不得者，皆反求諸己；其身正，而天下歸之。《詩》云：『永言配命，自求多福。』」

反 反思。

治人不治 管理別人卻沒有管理好。

《詩》 見〈大雅．文王〉。

永言配命 與天意配合的周代萬古長存。

5 孟子曰：「人有恆言，皆曰：『天下國家。』天下之本在國，國之本在家，家之本在身。」

恆言 常言。

天下國家 周天子有天下，諸侯有國，大夫有家。

6 孟子曰：「為政不難，不得罪於巨室。巨室之所慕，一國慕之；一國之所慕，天下慕之。故沛然德教溢乎四海。」

不得罪 不使怨怒。

巨室 世家望族。

慕 愛羡、敬仰。

沛然 盛大的樣子。

7孟子曰：「天下有道，小德役大德，小賢役大賢；天下無道，小役大，弱役強。斯二者，天也，順天者存，逆天者亡。齊景公曰：『既不能令，又不受命，是絕物也。』涕出而女於吳。今也小國師大國，而恥受命焉；是猶弟子而恥受命於先師也。如恥之，莫若師文

役 役使、聽命。

天 理勢之當然。

絕物 指走投無路。

女於吳 女，嫁女兒。吳是當時的強國，齊景公因抵禦不了吳的進攻，只好把自己的女兒嫁到吳國去。

王；師文王，大國五年，小國七年，必為政於天下矣。《詩》云：『商之孫子，其麗不億；上帝既命，侯于周服；侯服于周，天命靡常；殷士膚敏，祼將于京。』孔子曰：『仁不可為眾也。』夫國君好仁，天下無敵。今也欲無敵於天下而不以仁，是猶執熱而不以濯也。

《詩》 見〈大雅．文王〉。
麗 數目。
億 形容眾多。
侯 乃。
于周服 即服于周。侯，語辭。
靡常 無常。
膚敏 稱讚向周臣服的殷士通達時變。膚，美。敏，達。
祼將于京 在周之京師執以祼獻之禮。祼，宗廟之祭，把酒灌地以迎鬼神。
執熱 手執灼熱之物。

《詩》云：『誰能執熱，逝不以濯？』」

《詩》見〈大雅．桑柔〉。
逝　發語詞，無義。

8孟子曰：「不仁者，可與言哉？安其危而利其菑，樂其所以亡者。不仁而可與言，則何亡國敗家之有？有孺子歌曰：『滄浪之水清兮，可以濯我纓；滄浪之水濁兮，可以濯我足。』孔子曰：『小子聽之！清斯濯纓，濁斯濯足矣。自取之也。』夫人必自侮，然後

不仁者 沒有仁德的人。

菑 同「災」。

所以亡者 所以使其衰亡的事，指非禮義的言行。

滄浪四句 此歌為楚歌。滄浪指漢水上游，平時水色清碧，遇大雨則極形混濁。

纓 帽子左右下垂的絲帶，繫在頤下以防脱落。

小子 本意是少年人，此處用為老師對弟子的稱呼。

人侮之；家必自毀，而後人毀之；國必自伐，而後人伐之。〈太甲〉曰：『天作孽，猶可違；自作孽，不可活。』此之謂也。」

〈太甲〉〈書經·太甲〉。

9 孟子曰：「桀、紂之失天下也，失其民也。失其民者，失其心也。得天下有道：得其民，斯得天下矣。得其民有道：得其心，斯得民矣。得其心有道：所欲與之聚之，所惡勿施爾也。民之歸仁也，猶水之就下，獸之走壙也。故為淵歐魚者，獺也；為叢歐爵者，

所欲與之聚之　民之所欲，則為民聚也。

走壙　在曠野奔跑。

歐　同「驅」。

獺　水獺。

叢　茂林。

爵　同「雀」。

鸇也；為湯武毆民者，桀與紂也。今天下之君有好仁者，則諸侯皆為之毆矣；雖欲無王，不可得已。今之欲王者，猶七年之病，求三年之艾也。苟為不畜，終身不得。苟不志於仁，終身憂辱，以陷於死亡。《詩》云：『其何能淑？載胥及溺。』此之謂也。」

鸇 一種似鷂的猛禽，體型大，不能入叢。

艾 治病用的草名，乾久益善。

畜 儲備。

載胥及溺 引自〈詩經．大雅．桑柔〉。載，句首語助詞，無義。胥，全部。溺，淹死。

10 孟子曰：「自暴者，不可與有言也；自棄者，不可與有為也。言非禮義，謂之自暴也；吾身不能居仁由義，謂之自棄也。仁，人之安宅也；義，人之正路也。曠安宅而弗居，舍正路而不由，哀哉！」

暴 殘害。

棄 拋棄。

非 以為不是。

由 行也。

安宅 可以安居的住宅。

曠 空。

11孟子曰：「道在爾而求諸遠，事在易而求諸難。人人親其親、長其長，而天下平。」

爾同「邇」，近。

12 孟子曰：「居下位而不獲於上，民不可得而治也。獲於上有道：不信於友，弗獲於上矣。信於友有道：事親弗悅，弗信於友矣。悅親有道：反身不誠，不悅於親矣。誠身有道：不明乎善，不誠其身矣。是故誠者，天之道也；思誠者，人之道也。至誠而不動

獲 得到信任。

誠 誠實。

動 感動。

者，未之有也；不誠，未有能動者也。」

13 孟子曰：「伯夷辟紂，居北海之濱，聞文王作興，曰：『盍歸乎來！吾聞西伯善養老者。』太公辟紂，居東海之濱；聞文王作興，曰：『盍歸乎來！吾聞西伯善養老者。』二老者，天下之大老也，而歸之，是天下之父歸之也；天下之父歸之，其子焉往？諸侯有

辟 通「避」。

作興 興起。

盍 何不。

來 句末助詞。

西伯 即文王。

天下之父 父在此指德高望重之人。

行文王之政者，七年之內，必為政於天下矣。」

14 孟子曰：「求也為季氏宰，無能改於其德，而賦粟倍他日。孔子曰：『求，非我徒也，小子鳴鼓而攻之可也。』由此觀之，君不行仁政而富之，皆棄於孔子者也；況於為之強戰？爭地以戰，殺人盈野；爭城以戰，殺人盈城；此所謂率土地而食人肉，罪不容於死。故善

求　孔子弟子冉求。

季氏宰　季氏，魯卿季康子。宰，家臣之長。

賦粟　取民之粟。賦，取。

鳴鼓而攻之　公開聲討之意。

罪不容於死　雖身死亦不足以容其罪。

戰者服上刑，連諸侯者次之，辟草萊、任土地者次之。」

上刑 最重之刑。服，是「應罰」之意。

連諸侯 連結諸侯。

辟草萊、任土地 開闢荒地、分土授民。

15 孟子曰：「存乎人者，莫良於眸子；眸子不能掩其惡。胸中正，則眸子瞭焉；胸中不正，則眸子眊焉。聽其言也，觀其眸子，人焉廋哉！」

存 觀察。

眸子 眼睛中的瞳仁。

瞭 明亮。

眊 模糊不清。

廋 藏匿。

16 孟子曰：「恭者不侮人，儉者不奪人。侮奪人之君，惟恐不順焉，惡得為恭儉？恭儉豈可以聲音笑貌為哉？」

儉者 儉約自守的人。

奪 剝奪。

聲音笑貌 泛指人所表現的外在言語、態度等。

17 淳于髡曰：「男女授受不親，禮與？」孟子曰：「禮也。」曰：「嫂溺，則援之以手乎？」曰：「嫂溺不援，是豺狼也。男女授受不親，禮也；嫂溺援之以手者，權也。」曰：「今天下溺矣，夫子之不援，何也？」曰：「天下溺，援之以道；嫂溺，援之以手。子欲手援天下乎？」

淳于髡　複姓淳于，名髡，齊國有名的辯士。

男女授受不親　古禮嚴男女之防，不能直接以手傳遞物品。

權　斟酌變通。

18 公孫丑曰：「君子之不教子，何也？」孟子曰：「勢不行也。教者必以正；以正不行，繼之以怒，繼之以怒，則反夷矣。『夫子教我以正，夫子未出於正也。』則是父子相夷也；父子相夷，則惡矣。古者易子而教之，父子之間不責善，責善則離，離則不祥莫大焉。」

勢　情勢。

正　正道。

夷　傷。

責善　以善相責備，是朋友之道。

離　隔絕。

19 孟子曰：「事，孰為大？事親為大。守，孰為大？守身為大。不失其身而能事其親者，吾聞之矣；失其身而能事其親者，吾未之聞也。孰不為事？事親，事之本也。孰不為守？守身，守之本也。曾子養曾皙，必有酒肉；將徹，必請所與；問有餘？必曰『有。』

守身 持守其身，使不限於不義。

曾皙 曾參的父親，他也是孔子的弟子。

徹 取。意指食畢取去剩下的酒肉。

曾皙死，曾元養曾子，必有酒肉；將徹，不請所與；問有餘？曰：『亡矣。將以復進也。』此所謂養口體者也。若曾子，則可謂養志也。事親若曾子者，可也。」

曾元 曾參的兒子。
復進 下一次再端上。
養志 指順從親意之養。

20 孟子曰：「人不足與適也，政不足與間也。惟大人為能格君心之非。君仁，莫不仁；君義，莫不義；君正，莫不正；一正君而國定矣。」

適 通「謫」，譴責。

間 非議。

大人 大德之人。

格 糾正。

21 孟子曰：「有不虞之譽，有求全之毀。」

不虞 意想不到。

求全 苟求完美無缺。

毀 毀謗。

22 孟子曰：「人之易其言也，無責耳矣。」

易 輕率。
責 責任。

23 孟子曰：「人之患，在好為人師。」

患：毛病。

24 樂正子從於子敖之齊。樂正子見孟子。孟子曰：「子亦來見我乎？」曰：「先生何為出此言也？」曰：「子來幾日矣？」曰：「昔者。」曰：「昔者，則我出此言也，不亦宜乎？」曰：「舍館未定。」曰：「子聞之也，舍館定，然後求見長者乎？」曰：「克有罪。」

樂正子　魯人，名克，孟子弟子。

子敖　齊王寵臣。

昔者　指昨天。

舍館　指住宿的地方。舍，止息。

25 孟子謂樂正子曰：「子之從於子敖來，徒餔啜也。我不意子學古之道，而以餔啜也。」

徒餔啜　但求飲食而已。餔，食。啜，飲。

不意　想不到。

26 孟子曰：「不孝有三，無後為大。舜不告而娶，為無後也。君子以為猶告也。」

不孝有三　阿意曲從，陷親不義，一不孝也；家貧親老，不為祿仕，二不孝也；不娶無子，絕先祖祀，三不孝也。

不告而娶　舜不告父母，擅娶堯之二女娥皇、女英。

猶告　視同已告父母。

27孟子曰：「仁之實，事親是也。義之實，從兄是也。智之實，知斯二者弗去是也。禮之實，節文斯二者是也。樂之實，樂斯二者，樂則生矣；生則惡可已也？惡可已，則不知足之蹈之、手之舞之。」

實 指具體表現。

節文 節制、修飾。

惡 如何。

已 遏止。

28 孟子曰：「天下大悅而將歸己，視天下悅而歸己，猶草芥也，惟舜為然。不得乎親，不可以為人；不順乎親，不可以為子。舜盡事親之道，而瞽瞍厎豫；瞽瞍厎豫而天下化，瞽瞍厎豫而天下之為父子者定。此之謂大孝。」

天下　天下人民。

瞽叟　舜的父親。

厎豫　得到歡樂。厎，導致，和「底」形近而意義不同。

化　翕然從化。

定　指父子倫常確定。

離婁 下

1 孟子曰：「舜生於諸馮，遷於負夏，卒於鳴條，東夷之人也。文王生於岐周，卒於畢郢，西夷之人也。地之相去也，千有餘里；世之相後也，千有餘歲；得志行乎中國，若合符節。先聖後聖，其揆一也。」

諸馮 與負夏、鳴條，皆古地名，具體所在已無法確指，傳說都在今山東省。

岐周 岐，即今陝西岐山縣東北的岐山；「周」是國名。

畢郢 地名，在今陝西咸陽市東部。

符節 古代朝廷用作憑證的信物，用金、玉、竹、銅、木等製作，形狀不一，上寫文字，剖分為二，雙方各執一半，使用時將兩半相合以驗真假。

揆 尺度，準則。

2 子產聽鄭國之政，以其乘輿濟人於溱、洧。孟子曰：「惠而不知為政。歲十一月徒杠成，十二月輿梁成，民未病涉也。君子平其政，行辟人可也，焉得人人而濟之？故為政者，每人而悅之，日亦不足矣。」

子產　春秋時鄭國的賢相，姓公孫，名僑，字子產。
乘輿　所乘坐的車子。
溱、洧　鄭國的兩條河流名。
惠　私恩小利。
十一月　周十一月，夏九月也。
徒杠　供人步行的獨木橋。
輿梁　供車行的橋。
病涉　以徒步跋涉為病苦。
平其政　平治其政刑，使無違其道。
行辟人可也　出行時可驅使行人迴避。

3 孟子告齊宣王曰：「君之視臣如手足，則臣視君如腹心；君之視臣如犬馬，則臣視君如國人；君之視臣如土芥，則臣視君如寇讎。」王曰：「禮，為舊君有服，何如斯可為服矣？」曰：「諫行言聽，膏澤下於民；有故而去，則君使人導之出疆，又先於其所往；去

國人　路人。
寇讎　強盜。
為舊君有服　舊臣為舊君服喪服。
膏澤　恩澤。

三年不反，然後收其田里。此之謂三有禮焉。如此，則為之服矣。今也為臣，諫則不行，言則不聽，膏澤不下於民；有故而去，則君搏執之，又極之於其所往；去之日，遂收其田里；此之謂寇讎。寇讎，何服之有？」

田里　田祿里居。
搏執　搜捕。
極　使窮困。
寇讎　強盜、仇敵。

4 孟子曰：「無罪而殺士，則大夫可以去；無罪而戮民，則士可以徙。」

去 棄官離國。
徙 遷居避禍。

5 孟子曰：「君仁莫不仁，君義莫不義。」

莫不仁 沒有人不依仁道做事。

6 孟子曰：「非禮之禮，非義之義，大人弗為。」

非禮之禮　指似禮非禮之禮。

大人　有德的君子。

7 孟子曰：「中也養不中，才也養不才，故人樂有賢父兄也。如中也棄不中，才也棄不才，則賢不肖之相去，其間不能以寸。」

中 無過無不及之謂中。
才 有才能的人。
不肖 不賢。
其間不能以寸 兩者之間的差距，不能以分寸計量。

8 孟子曰：「人有不為也，而後可以有為。」

有不為 行己有恥，不做非禮非義的事。

9 孟子曰：「言人之不善，當如後患何？」

言人之不善 說人家的壞話。

當如後患何 即「如何當後患」，怎能避免其後招致的禍患。

10 孟子曰：「仲尼不為已甚者。」

不為已甚 不做過分的事，要適可而止。已甚，過分。多指對人的譴責或處罰要適可而止。

11 孟子曰：「大人者，言不必信，行不必果，惟義所在。」

果　果斷。

義　宜。意指要合乎輕重，權衡適當與否。

12 孟子曰：「大人者，不失其赤子之心者也。」

赤子之心 純真無偽之心。

赤子，嬰兒。

13 孟子曰：「養生者不足以當大事，惟送死可以當大事。」

養生 指奉養父母。

送死 指父母喪葬之事。

14 孟子曰：「君子深造之以道，欲其自得之也。自得之，則居之安；居之安，則資之深；資之深，則取之左右逢其原。故君子欲其自得之也。」

深造之以道 深造，指不斷前進，以達到精深的境地。之，所學也。道，正確的治學方法。

居 處。

資 積累。

原 通「源」。

15 孟子曰：「博學而詳說之，將以反說約也。」

博學 廣泛地學習。

詳說 詳細闡說其中的道理。

反說約也 指融會貫通後，回過頭來簡略陳述大義。

16孟子曰：「以善服人者，未有能服人者也。以善養人，然後能服天下。天下不心服而王者，未之有也。」

以善服人 拿仁義的德行來使人服輸。

養人 教育薰陶別人。

17 孟子曰：「言無實，不祥。不祥之實，蔽賢者當之。」

實 指實質內容。

不祥 不好的。

蔽賢者 妨礙賢者進用的人。

當之 承當不祥之惡果。

18 徐子曰：「仲尼亟稱於水曰：『水哉，水哉！』何取於水也？」孟子曰：「原泉混混，不舍晝夜，盈科而後進，放乎四海。有本者如是，是之取爾。苟為無本，七八月之間雨集，溝澮皆盈；其涸也，可立而待也。故聲聞過情，君子恥之。」

徐子　孟子弟子徐闢。

亟　屢次。

混混　水奔流不絕的樣子。

盈科　水充滿坑坎。

放　至。

有本者　指學有根本的君子。

溝澮　田間水道小者曰溝，大者曰澮。

聲聞　名譽也。

情　實際。

19 孟子曰：「人之所以異於禽獸者，幾希，庶民去之，君子存之。舜明於庶物，察於人倫，由仁義行，非行仁義也。」

幾希 微少。

去 棄也。

庶物 萬物的道理。

由 順著。

20 孟子曰：「禹惡旨酒而好善言。湯執中，立賢無方。文王視民如傷，望道而未之見。武王不泄邇，不忘遠。周公思兼三王以施四事，其有不合者，仰而思之，夜以繼日；幸而得之，坐以待旦。」

旨酒 美酒。

善言 精善的言論。

執中 持守中庸之道。

立賢 任用賢人從政。

無方 沒有固定的標準。

視民如傷 看待人民如同對傷患，唯恐有所驚擾。

望道而未之見 比喻聖人愛民而求道深切，不自滿足。

不泄邇不忘遠 不狎侮身邊朝臣，不忘卻遠方諸侯。

三王 夏商周三代聖王。

四事 禹湯文武四位聖王所做的聖事。

坐以待旦 坐等天亮，比喻迫不及待想實施。

21孟子曰：「王者之迹熄而《詩》亡，《詩》亡然後春秋作。晉之《乘》，楚之《檮杌》，魯之《春秋》，一也：其事則齊桓、晉文，其文則史，孔子曰：『其義，則丘竊取之矣。』」

王者之迹熄 指巡狩之禮廢，王者車轍馬迹熄，太史不復陳《詩》，《詩》亦從此亡矣。

春秋 各國史記之通稱。

《乘》 春秋時代晉國的史書，側重記載國家賦稅車馬之事。乘原指戰車。

《檮杌》 春秋時代楚國的史書，側重記載懲戒兇惡之事。檮杌，古代傳說中的凶獸，此處借為史書之名。

《春秋》 春秋時代魯國的史書，側重記載每年四季的國家重大之事。

一也 此指以上三種史書都是記史之書。

其事 指以上三種史書中所記之事，以魯國《春秋》為主。

齊桓、晉文 以齊桓公和晉文公代指春秋五霸。

史 指史書之文用的是文勝於質的筆法。

其義 各國史記所寓褒貶之意。

竊取 私自取來。此乃孔子謙遜之辭。

22

孟子曰：「君子之澤，五世而斬；小人之澤，五世而斬。予未得為孔子徒也，予私淑諸人也。」

澤 流風餘韻。

五世 從自身到子、孫、曾孫、玄孫，共五代。

斬 斷絕。

予 我，孟子自稱。

徒 跟隨在身邊的入門弟子。

23 孟子曰：「可以取，可以無取；取，傷廉。可以與，可以無與；與，傷惠。可以死，可以無死；死，傷勇。」

取 收受。
廉 不苟取。
惠 仁恩。

24

逢蒙學射於羿，盡羿之道；思天下惟羿為愈己，於是殺羿。孟子曰：「是亦羿有罪焉。公明儀曰：「宜若無罪焉？」曰：薄乎云爾，惡得無罪？鄭人使子濯孺子侵衛，衛使庾公之斯追之。子濯孺子曰：『今日我疾作，不可以執弓。吾死矣夫？』問其僕曰：『追我

逢蒙學射於羿 羿，夏之諸侯，善射，百發百中。逢蒙，羿弟子也，亦能百中。

愈 勝業。

子濯孺子 春秋時鄭國大夫，神箭手。

庾公之斯 衛國神箭手，向尹公之他學射。

疾作 舊病復發。

僕 車夫。

者誰也？』其僕曰：『庾公之斯也。』曰：『吾生矣！』其僕曰：『庾公之斯，衛之善射者也，夫子曰「吾生」，何謂也？』曰：『庾公之斯學射於尹公之他，尹公之他學射於我。夫尹公之他，端人也，其取友必端矣。』庾公之斯至，曰：『夫子何為不執弓？』

尹公之他　衛人，為人正直。

曰：『今日我疾作，不可以執弓。』曰：『小人學射於尹公之他，尹公之他學射於夫子。我不忍以夫子之道，反害夫子。雖然，今日之事，君事也，我不敢廢。』抽矢叩輪，去其金，發乘矢而後反。」

小人　庾公自稱。

金　金屬箭頭。

乘矢　四矢。古代四馬為一乘，故物四為乘。

25 孟子曰：「西子蒙不潔，則人皆掩鼻而過之。雖有惡人，齊戒沐浴，則可以祀上帝。」

西子　古之好女西施也。

蒙不潔　以不潔汗巾帽蒙其頭面。

掩鼻而過　捂著鼻子走過去。形容對腥臭骯髒的嫌惡。

26 孟子曰：「天下之言性也，則故而已矣。故者，以利為本。所惡於智者，為其鑿也。如智者若禹之行水也，則無惡於智矣。禹之行水也，行其所無事也。如智者亦行其所無事，則智亦大矣。天之高也，星辰之遠也，苟求其故，千歲之日至，可坐而致也。」

性 人物所得以生之理也。

故 推求其所以然。

利 順。

鑿 穿鑿附會。

日至 指冬至。

坐而致也 坐著就能推算出來。

27 公行子有子之喪，右師往弔。入門，有進而與右師言者，有就右師之位而與右師言者。孟子不與右師言，右師不悅，曰：「諸君子皆與驩言，孟子獨不與驩言，是簡驩也。」孟子聞之，曰：「禮：朝廷不歷位而相與言，不踰階而相揖也。我欲行禮，子敖以我為簡，不亦異乎？」

公行子 齊大夫。
右師 先秦時官名。此指王驩。
進 右師未即位時便趨揖之。
就 右師就位後趨近與言。
簡 怠慢。
歷位 離開己位而涉入他人之位。
踰階而相揖 同階而趨迎相揖。

28 孟子曰：「君子所以異於人者，以其存心也。君子以仁存心，以禮存心：仁者愛人，有禮者敬人。愛人者，人恆愛之；敬人者，人恆敬之。有人於此，其待我以橫逆，則君子必自反也：『我必不仁也，必無禮也，此物奚宜至哉？』其自反而仁矣，自反而有禮矣。

存　察。

橫逆　不合理的暴戾行為。

物　此指此橫逆之行。

其橫逆由是也，君子必自反也：『我必不忠。』自反而忠矣，其橫逆由是也，君子曰：『此亦妄人也已矣。如此則與禽獸奚擇哉？於禽獸又何難焉！』是故君子有終身之憂，無一朝之患也。乃若所憂則有之：舜，人也，我亦人也；舜為法於天下，可傳於後世，我

由 通「猶」。
妄人 無知而行為盲目的人。
擇 分別。
難 責難。
終身之憂 指君子一生都有尚未盡完責任的憂慮。
一朝之患 偶然發生的、不可知的意外。

由未免為鄉人也，是則可憂也。憂之如何？如舜而已矣。若夫君子所患，則亡矣。非仁無為也，非禮無行也。如有一朝之患，則君子不患矣。」

亡 無也。

29 禹、稷當平世，三過其門而不入，孔子賢之。顏子當亂世，居於陋巷，一簞食，一瓢飲，人不堪其憂，顏子不改其樂，孔子賢之。孟子曰：「禹、稷、顏回同道。禹思天下有溺者，由己溺之也；稷思天下有飢者，由己飢之也；是以如是其急也。禹、稷、顏子，易地

平世 有道之世。

同道 指聖賢同道，其心一也。

則皆然。今有同室之人鬥者，救之，雖被髮纓冠而救之，可也。鄉鄰有鬥者，被髮纓冠而往救之，則惑也，雖閉戶可也。」

被髮纓冠 披散著頭髮，戴上帽子，連帽帶也來不及繫上。

惑 糊塗。

閉戶 關起門來不管。

30 公都子曰：「匡章，通國皆稱不孝焉。夫子與之遊，又從而禮貌之，敢問何也？」孟子曰：「世俗所謂不孝者五：惰其四肢，不顧父母之養，一不孝也；博弈、好飲酒，不顧父母之養，二不孝也；好貨財、私妻子，不顧父母之養，三不孝也；從耳目之欲，以為父母戮，四不孝也；

公都子 孟子弟子。

匡章 齊國的將軍。

夫子 此指孟子。

禮貌之 禮之以顏色喜悅之貌。

從 通「縱」，放任。

戮 恥辱。

好勇鬥很，以危父母，五不孝也。章子有一於是乎？夫章子，子父責善而不相遇也。責善，朋友之道也。父子責善，賊恩之大者。夫章子，豈不欲有夫妻子母之屬哉？為得罪於父，不得近；出妻屏子，終身不養焉。其設心以為不若是，是則罪之大者。是則章子已矣。」

很 「狠」的本字。

責善 因求善而互相督責。

不相遇 意見不合。

賊 戕害。

屏 通「摒」。

終身不養 章子因得罪父親，不得近身奉養，只得休退愛妻，遠斥親子，一生不敢接受妻子的侍奉。

設心 心裡這麼想。

31 曾子居武城，有越寇。或曰：「寇至，盍去諸？」曰：「無寓人於我室，毀傷其薪木。寇退，則曰修我牆屋，我將反。」寇退，曾子反。左右曰：「待先生如此其忠且敬也，寇至，則先去以為民望；寇退則反。殆於不可！」沈猶行曰：「是非汝所知也。昔沈猶有負芻之

武城 魯國的地名。
越寇 越國的強盜。
寓人 安排人住宿。
為民望 使民望而效之。
沈猶行 人名，姓沈猶，名行，曾子的弟子。

禍，從先生者七十人，未有與焉。」子思居於衛，有齊寇。或曰：「寇至，盍去諸？」子思曰：「如伋去，君誰與守？」孟子曰：「曾子、子思同道。曾子，師也，父兄也；子思，臣也，微也。曾子、子思易地則皆然。」

負芻　作亂者的名字。

子思　孔子之孫，名伋，字子思。

伋　子思名。

誰與守　跟誰守衛齊國。

32 儲子曰：「王使人瞯夫子，果有以異於人乎？」孟子曰：「何以異於人哉？堯舜與人同耳。」

儲子 齊人。
瞯 窺視。

33 齊人有一妻一妾而處室者，其良人出，則必饜酒肉而後反。其妻問其所與飲食者，則盡富貴也。其妻告其妾曰：「良人出，則必饜酒肉而後反；問其與飲食者，盡富貴也，而未嘗有顯者來。吾將瞷良人之所之也。」蚤起，施從良人之所之。徧國中無與立談者。卒之東郭墦間之

處室　居家過日子。

良人　古時妻子對丈夫的稱呼。

饜　滿足、飽食。

富貴　指富貴的人。

顯者　有地位有聲望的人。

蚤　通「早」。

施　通「迤」，逶迤斜行。這裡指暗中跟踪。

國中　都城內。

卒　最後。

東郭　城之東門外。

墦　墳墓。

祭者，乞其餘；不足，又顧而之他——此其為饜足之道也。其妻歸，告其妾曰：「良人者，所仰望而終身也。今若此！」與其妾訕其良人，而相泣於中庭。而良人未之知也，施施從外來，驕其妻妾。由君子觀之，則人之所以求富貴利達者，其妻妾不羞也而不相泣者，幾希矣！

訕　譏諷。

中庭　庭院中。

施施　喜悅自得的樣子。

國家圖書館出版品預行編目資料

孟子. 上／孫家琦編輯, ——第一版.——
新北市 ： 人人, 2013.01
面 ； 公分. ——（人人讀經典系列；8）
ISBN 978-986-5903-08-4（平裝）
1.孟子　2.注釋
121.262　　102001083

人人讀經典系列(8)
孟子(上)
書系編輯／孫家琦
書籍裝幀／王行恭設計事務所
發行人／周元白
出版者／人人出版股份有限公司
地址／23145新北市新店區寶橋路235巷6弄6號7樓
電話／(02) 2918-3366 (代表號)
傳真／(02) 2914-0000
網址／http://www.jjp.com.tw
郵政劃撥帳號／16402311人人出版股份有限公司
製版印刷／長城製版印刷股份有限公司
經銷商／聯合發行股份有限公司
電話／(02) 2917-8022
第一版第一刷／2013年1月
定價／新台幣200元
行政院新聞局局版台業字第6124號